ANIMA

Also by José Kozer in English:

Stet: Selected Poems
    (translated by Mark Weiss. Junction Press, New York, 2007)
The Ark Upon the Number
    (translated by Ammiel Alcalay.
    Cross Cultural Communications, New York, 1982)

Anima

José Kozer

translated by
Peter Boyle

Shearsman Books
Exeter

First published in the United Kingdom in 2011 by
Shearsman Books
58 Velwell Road
Exeter EX4 4LD

http://www.shearsman.com/

ISBN 978-1-84861-146-7

Original poems copyright © José Kozer, 2002, 2005.
Translations copyright © Peter Boyle, 2011.

The right of José Kozer to be identified as the author
of this work, and Peter Boyle to be identified as the translator thereof,
has been asserted by them in accordance with the
Copyrights, Designs and Patents Act of 1988.
All rights reserved.

Acknowledgements
Several of these translations appeared in *Heat* and *Southerly*.
The original poems first appeared in the book *Ánima* (Tierra Firme,
Fondo de Cultura Económica, Mexico City, 2002),
and the four poems in the Appendix appeared in
Y del esparto la invariabilidad (Antología: 1983–2004)
(Colección Visor de Poesía, Madrid 2005).

I wish to thank Mark Weiss for several helpful suggestions and advice
with the translations. The greatest thanks is due to José Kozer who
tirelessly answered queries and made suggestions. Without his
generous assistance these translations would not have been possible.
The final decisions were, of course, my own and for whatever inaccuracies
or infelicities there may be I take full responsibility.

Ánima / Anima

Prólogo

Un hombre de sesenta años escribe un poema y lo titula 'Ánima'. Días después escribe otro poema de tono parecido al anterior, lo titula 'Ánima', se da cuenta de que acaba de inciar una serie que ha de llevar toda el mismo título.

Es más, ese hombre decide en lo adelante y hasta el día de su muerte que va a seguir escribiendo poemas que, de tener ese tono, llevarán por título 'Ánima'. Al año, y luego de haber escrito unos ciento cincuenta poemas, extrae del mazo acumulado sesenta poemas llamados 'Ánima'.

Ahora los publica: son un registro, quizás un testamento. De algún modo, siente que el fajo de los sesenta poemas tiene dos fundamentos: por un lado, participa de un proceso de dulcificación de su persona y de su escritura (a la que aspiró desde joven) iniciado en un momento, para él, en verdad revelatorio: se trata del día en que leyendo *Guerra y paz* entendió con Tolstoi y el príncipe Andrei Bolkonski, con María y con Pierre, que el bien morir implicaba un estado último de dulcificación ("Así, pues, se calmó y se dulcificó. Siempre había aspirado, con todas las fuerzas de su alma, a llegar a ser completamente bueno, de manera que no podía temer la muerte.")

Asimismo, escribiendo esos poemas, ese hombre de sesenta años intuye que de haber un sobremundo como el que Dante nos revela, por su modo de vida, por sus vicios y virtudes, lo más probable es que al morir tenga que pasar cierto tiempo en algún punto del Purgatorio. Dado que el autor de estos poemas nació en una isla y dado que el Purgatorio es una *"isoletta" ("Questa isoletta intorno ad imo ad imo,")* entiende ahora que los poemas que configuran *Ánima* participan de este otro fundamento: el de la recurrencia, la circularidad, el punto de partida que tiende (necesita) cerrarse en una oval, en un redondel o circunferencia, en que lo último regresa a lo primero: en este caso la isla se dirige a la Isla, o Cuba entronca (germina) en la *isoletta*.

Lector, estos poemas carecen de voluntad poética, se desconocen a sí mismos, proceden de un fuerte sentimiento de irrealidad relacionado con el hondo desconocimiento que su autor experimenta ante todas las cosas, y, sobre todo, las cosas relacionadas con su futuro.

Poseen un ánima que es un decoro: el de la escritura que consciente de la existencia de un centro, o quizás de muchos centros de base inaprensible, no obstante se somete al atrevimiento de ponerse a hilvanar letras, hilar filigranas de sílabas y de palabras, no como un asedio a ese centro o centros que lo eluden sino como un acto de manifiesta devoción en que el poema, cotidiano, artesano, procura su propia dulcificación imitándose plegaria.

Prologue

A sixty-year-old man writes a poem and entitles it 'Anima'. Days later he writes another poem with a tone similar to the first, entitles it 'Anima', then realises he has just begun a series which must all bear the same title.

Furthermore, the man decides that in the future and till the day of his death he is going to continue writing poems that, since they have the same tone, will all be titled 'Anima'. At the end of a year, having written some one hundred and fifty poems, he extracts from the accumulated mass sixty poems called 'Anima'.

Now he publishes them: they are a register, perhaps a last will and testament. In some way he feels the bundle of sixty poems has two foundations: on the one hand, it is part of a process of achieving mildness of being in his personality and his writing (something he has aspired to since a young man) begun in a moment, for him, of true revelation: it was the day when, reading *War and Peace*, he understood along with Tolstoy and prince Andrei Bolkonsky, with Maria and Pierre, that a good death implies a final state of mellowing ("And so, then, he grew calm and began to mellow. He had always aspired, with all the strength of his soul, to reach a state of complete goodness, in such a way that death could hold no fear.")

At the same time, writing these poems, the sixty-year-old man intuits that for there to be a heaven such as Dante reveals to us, with his way of life, his vices and virtues, most probably on death he will have to spend a certain amount of time in some part of Purgatory. Given that the author of these poems was born on an island and that Purgatory is an *"isoletta"* (*"Questa isoletta intorno ad imo ad imo,"*) he now realises the poems which make up *Anima* are based on a second foundation: recurrence, circularity, the point of departure which must (necessarily) close in an oval, a circle or circumference, in which the last returns to the first; in this case the island becomes the Island, or Cuba connects with (germinates) the *isoletta*.

Reader, these poems are not under the control of any poetic will, they do not know themselves, they proceed from a strong sense of unreality connected to that deep ignorance the author feels before all things—above all, things related to his future.

They possess a spirit which is a form of decorum: a writing that, aware of the existence of a centre, or perhaps many centres whose base is ungraspable, submits nonetheless to the bold task of basting letters, spinning watermarks of syllables and words, not to besiege the centre or centres that elude it but as an act of outward devotion in which the everyday, artisanal poem achieves its own mildness of being, imitative of prayer.

Del debe

Goicuría.
El punzó
(no
so burro:
punzó
no,
punzón).
La cuerda
floja.
Toasted
Susie.
Gualda
y crisantemo.
Chuang
Tzu
(el
gallo
de
madera
y no la
mariposa
dentro
del sueño
de
la
mariposa,
etc.).
El
canapé
de la
sala
forrado
de pana
siena
en
las
tardes
invernales

Debit

Goicuría.*
The pin
(no
you great oaf!
not pin,
pinch**).
Treading
the tightrope.
Toasted
Susie.
Yellow
and chrysanthemum.
Chuang
Tzu
(the
wooden
rooster
not the
butterfly
inside
the dream
of
the
butterfly,
etc).
The
living room
sofa
upholstered in
sienna
corduroy,
reading
aloud
on
winter
afternoons
Life
St Teresa.

leyendo
en alta
voz
Vida
Sta. Teresa.
La hormiga
en la
adelfa
y no la
adelfa.
La hormiga
en el mar
pacífico
con mar
pacífico
y todo.
Vega.
Villon.
Aldebarán.
San Juan.
Giotto o
Cimabue
(da
igual).
Samuel.
Reyes.
Crónicas.
Vivaldi
(seis
sonatas
para
violoncelo).
Bach
cada vez
más.
Últimos
cuartetos
para
cuerda
(Haydn

The ant
on the
oleander
not the
oleander.
The ant
on the pacific
hibiscus
with pacific
sea
and all.
Vega.
Villon.
Aldebaran.
Saint John.
Giotto or
Cimabue
(either
one).
Samuel.
Kings.
Chronicles.
Vivaldi
(six
sonatas
for
cello).
Bach
each time
more.
Late
string
quartets
(Haydn
Beethoven).
Satie.
Monteverdi.
And: *di vera*
luce
tenebre

Beethoven).
Satie.
Monteverdi.
Y: *di vera*
luce
tenebre
dispicchi.
Guadalupe.
El cuenco
(*miso*)
del
desayuno
aquellos
años de
oriental
divagar.
El
ideograma
(aún)
indescifrable.
Y
por
supuesto
Ana
(madre
de
madres)
David
(de
reyes
Rey):
una
vida
(por
qué
no)
haciendo
poemas
(carezco
de
conjetura).

dispicchi.
Guadalupe.
Bowl
(of miso soup)
for
breakfast
those
years of
oriental
digressions.
The
ideogram
(still)
indecipherable.
And
of
course
Ana
(mother
of
mothers)
David
(of
kings
the King):
a
life
(why
not)
making
poems
(I offer
no
conjectures).

---

*Goicuría—name of a street in the middle class neighbourhood (*barrio* or *reparto*) of Santos Suárez on the outskirts of Havana.
** literally—not punzó (deep red), punzón (stiletto)—playing with the Cuban habit in pronunciation of dropping the ending consonant off a word.

Ánima

En la vieja ciudad los canales de desagüe bordean los contenes.

La vaca se inclina a lamer gozosa de moho.

Y mi madre estrellada tras los blancos sanguiñuelos
        en flor suma las lentejuelas
        de su vestido se ríe delante
        de una coqueta.

A punto de salir, la llaman (o será que la denominan):
        bailó. Las lentejuelas de
        su vestido se deslizan
        fulgurando por los
        desagües de la ciudad
        (trizas) las estrellas.

Llámala (llámala) vaca, tu lengua es verde: síguela
        bordeando los contenes
        mi madre desemboca en
        los antiguos canales de
        irrigación (sólo queda
        vida en las afueras, de
        la ciudad): revístela.

El único recurso del agua que corre o se estanca será
        sentarnos (yo mismo,
        contigo) pasados los
        cuadros de labranza,
        en la linde del bosque:
        besarte en la frente
        (madre) estrellada
        (asistir) a la formación
        de las aves en primavera
        (ver) marcar tu frente al
        rojo vivo: baja dos veces
        el testuz; recibe primero

Anima

In the old city, storm drains line the curbs.

The cow leans over, happily, to lick mildew.

And my starry mother among the flowering white dogwood
       counts the sequins on her dress
       laughs before the vanity.

About to leave, they call (or name) her—she dances.
       Sequins tumble from her
       dress, glittering on
       the city's stormwater
       (shards) stars.

Call (call her) cow, your tongue is green: follow
       the cow along the curbs
       my mother comes out at
       the old irrigation canals
       (in the city, life's only on
       the outskirts): swathe her
       in layers of clothing.

The one recourse offered by this water that flows or is
       stagnant will be for us
       to sit down (myself with you)
       beyond the ploughed fields,
       at the edge of the wood: to kiss
       you on the forehead (mother)
       starry one (to witness)
       the creation of birds in spring
       (to see) to brand
       your forehead: twice
       she bows her forehead,
       receives first the crown
       around her neck (cherry
       flowers): and then the long

la corona en el pescuezo
(flores, de cerezo): y luego
el vestido largo de faya
(recién casada) a tus
espaldas (rehecha) la
trenza (roto, saco de
aguas).

faille dress (just married)
behind you the braid (redone)
(broken, amniotic waters).

Ánima

Harapos del espíritu santo harapos del espantapájaros.

La virgen sobre el asno recorre las empedradas calles
      de hallandale su efigie en
      los canales de agua su
      manto blanco fulgura en
      las colinas de hallandale.

Hecho visible cúpulas reales alcázares en las aguas
      reflejados pencas de agua
      lacerando el asno de la
      virgen.

Hace seis meses que veo la misma procesión de muertos
      de jerusalén a hallandale.

Pus yugular fibroma hez verdes melanomas descascarando
      el bronce de las campanas
      aneurismas de cera las
      torres de hallandale.

Molinillo de horas de plegarias da vueltas quiero que
      maría vestida de mantillo
      toque a la puerta.

Negro abalorio negro abalorio reglamenta la roturación del
      cuerpo a su resurrección
      de su resurrección a un
      cántico de caracoles
      policromados ciñendo
      los harapos de maría la
      gualdrapa destrozada
      de la bestia las aguas
      estancadas al pie de
      las colinas.

Anima

Rags of the Holy Spirit scarecrow's rags.

The virgin on the donkey rides down the paved streets of
        Hallandale her effigy on the
        canals of water her white
        mantle shines on
        Hallandale's hills.

Made manifest domes royal castles reflected on the waters
        watery palm leaves
        lacerating the virgin's
        donkey.

For six months I've seen the same procession of the dead
        from Jerusalem to Hallandale.

Pus jugular fibroma dregs green melanomas chipping the
        bronze of the bells waxen
        aneurisms towers
        of Hallandale.

Prayer-wheel wheel of hours set spinning I want Maria
        dressed in loam to knock
        at the door.

Black beads black beads regulate the body's rotation to its
        resurrection from its resurrection
        to a canticle of many-coloured
        snails tying the cincture
        round Maria's rags
        the beast's ornamental
        saddlecloth shredded,
        stagnant waters
        at the foot of the hills.

Manto de luz espíritu santo manto verde la estearina goteando
    en los pinares en los espejos
    de hallandale salve la hoz
    salve la siega salve la
    oscilación (amarilla)
    (haced del polvo, trizas)
    de las escobas.

Mantle of light holy spirit green mantle drops of melted
      tallow dripping on pine trees
      on Hallandale's mirrors
      hail the sickle hail the harvest
      hail the (yellow) vibration of
      (take the dust and shatter
      it) broomsticks.

Ánima

Algunos poetas muertos nos plagian.

Su negro abrazo nos ciñe.

Afincan, abren las fauces.

Recobran el don que perdieron.

Mis minutisas poseen.

Poseen mis saetas el calicó y la gualdrapa.

Se apropian de mi padre el sastre.

Marcan con jaboncillo (rojo) la casa del judío.

A mi madre bordando junto a un brocal usurpan.

De su útero extirpan mi voz la destejen.

Sus letras negras exudo la carcoma de sus palabras.

De sus plagios, yo. De su continuidad, mi muerte.

Ante la puerta de bronce con el guardián de caftán.

Sombrero de castor (rapada, cabeza) otra puerta de bronce.

Entre paréntesis me plagian los poetas muertos.

Entre paréntesis revuelven mis estertores.

De mis cenizas, resplandecen.

Sus negros versos (témpanos, de carbón).

Escoria este baile de máscaras los cubos de mis ideogramas
   (desbordados).

Anima

A bunch of dead poets are plagiarizing us.

Their black embrace clings to us.

They settle in, they open their jaws.

They recover the gift they have lost.

They take over my sweet william.

They take over my arrows my calico my rich ornamental saddlecloth.

They are appropriating my father the tailor.

With tailor's chalk (red) they mark the Jew's house.

They appropriate my mother as she embroiders by the stone rim of a well.

They extirpate my voice from her womb they unravel it.

I exude their black letters the woodworm of their words.

From their plagiarisms, I. From their continuity, my death.

At the bronze door the guardian in his caftan.

Beaver hat (head, shaven) one more bronze door.

In parenthesis the dead poets plagiarize me.

In parenthesis they incite my gasping for breath.

From my ashes, they shine.

Their black verses (icebergs, coal-black).

The dregs this masked dance the squares of my ideograms (overflowing).

Ánima

El caballo se cubrirá de sudor en los campos de la Élide,
    honras fúnebres (me ajusto
    los espejuelos) llegué a
    tiempo.

Al regreso, Vía Láctea (me ajusto los espejuelos) aceptar
    los hechos seguir (José)
    tomando al dictado
    (Sagitario) en plena
    noche (que es mediodía)
    seguir la senda de mis
    exequias.

Prolonga, corazoncillo, según condiciones, mi vida.

Alazán, lame mis ropas (de la Élide a mis carnes, lame):
    rey de caballerías (Aminadab)
    lame mis desnudas carnes
    yacentes sobre el tajo de
    madera donde lavan por
    vez postrera a sus muertos
    los hijos de Israel.

Un orden un sosiego: voz de Dios la adormidera brotando de
    mis nueve orificios (brota)
    por todos mis poros: el
    pórfido ya es Rey.

Toda mi vanagloria se hizo ascua se hizo aroma de las yeguas
    del Faraón, último rescoldo.

Y voy al centro de mi casa a arrancar del búcaro translúcido
    sobre la mesa del comedor
    la flor de tela que elaboró
    mi madre (hoy) encaja en
    el ojal de la solapa de mi
    traje de gala blanco
    cuando era escolar (hoy)
    encaja en la cuenca
    (vaciada) ojo izquierdo.

Anima

The horse will be drenched in sweat on the plains of Elis, funeral
        rites (I adjust my glasses)
        I arrived in time.

Returning home, the Milky Way (I adjust my glasses) to accept
        the facts to follow (José)
        hearkening to what is
        dictated (Sagittarius)
        in full night (which is
        midday) to follow the
        path of my exequies.

St John's Wort, to your best ability, prolong my life.

Sorrel, lick my clothes (from Elis to my flesh, lick): king of the
        armed chariots (Aminadab)
        lick my naked flesh as I
        lie on the wooden block
        where Israel's children
        wash their dead for the
        last time.

An order a gentle peace: God's voice the poppy sprouting from
        my nine orifices (sprouts)
        through all my pores:
        porphyry now is King.

All my conceit becomes ash becomes scent of the Pharaoh's
        mares, final embers.

And I walk to the centre of my house to take from a
        translucent vase on
        the dining-room table
        the silk flower my mother wove
        it fits (today) the
        buttonhole of the white
        evening suit I wore in
        high school fits (today)
        the (empty) hollow the
        left eye.

Ánima

Me voy
a Beulah
a Beulah
me voy
a mirar
al viejo
rabí
bailar
alrededor
del castaño
alrededor
del pozo
del aprisco
del lecho
de Betsabé:
fuente
de luz
fuente
de piedad,
zarza
ardiente
su pelo,
zarza
ardiente
los ojos:
ya va a
girar.
Y miro
y miro
la rueca
la veleta,
tornasol
el agua
tornasol
las hojas.
A Beulah
llegó el

Anima

I'm going
to Beulah
to Beulah
I'm going
to watch
the old
rabbi
dance
round
the chestnut tree
round
the well
the sheepfold
bed
of Bathsheba;
fountain
of light
fountain
of piety,
burning
briar
his hair,
burning
briar
his eyes:
now he will
spin.
And I watch
and I watch
the distaff
the weathervane
litmus paper
water
litmus paper
the leaves.
The rabbi
arrived

rabí:
nada
escapa a
su mirada
recta,
recta:
obra
primera
del Juicio
Final.
Y me llama
a Beulah
a Beulah
me llama:
a dar la
vuelta
alrededor
del ascua,
la ceniza,
aro del
último
fuego
carnal:
se detuvo.
A mis pies
reverbera
un caftán,
sombrero
de castor,
manto y
filacterias.
Me inclino.
Me sobrecojo.
Alzo
el viejo
espejismo
del lago,
arena
y ceniza

in Beulah:
nothing
escapes
his straight
straight
gaze:
first
work
of the Last
Judgement.
And he calls me
to Beulah
to Beulah
calls me:
to spin
round
the embers,
the ash,
ring of
last
carnal
fire:
he stopped.
At my feet
a caftan
shimmers,
a beaver
hat,
prayer shawl
and
phylacteries.
I bend forward.
I bow in awe.
I raise
the old
mirage
of the lake,
sand
and ashes

se deslizan
entre mis
dedos.
Beulah
Beulah
el viejo
rabí una
llamarada,
ascua en
la escala.

slip
through my
fingers.
Beulah
Beulah
the old
rabbi one
blazing centre
of flame,
embers
on
the ladder.

Ánima

No sé qué es el cabrilleo de la luz al mediodía en un canal de agua.

La garza erguida siente hambre en su curva no sé si siente
       hambre o come la garza.

Y los insectos que devora no sé qué tienen que ver con la
       luz al mediodía cabrilleando
       en un canal de agua.

Me quito la camisa no sé si la semilla de algodón o lino
       dio la horma las tijeras el
       dedal el hilo del cortador
       que fue toda una vida mi
       padre confeccionando de
       unas semillas, trajes.

Yo no sé si fueron trajes venideros.

No tengo la menor idea yo no sé del cuerpo interior de
       mi mujer la hechura de sus
       alumbramientos no sé en
       verdad del sufrimiento de
       Doña Leonor sus hijos el
       hidalgo caballero Don
       Manoel de Sousa Sepúlveda
       su esposo en la historia
       trágico marítima que estoy
       leyendo en el confort de mi
       cuarto domingo año dos mil
       un lugar llamado hallandale.

Somnoliento no sé si el que recuesta la cabeza entrecierra
       los ojos sobre un alto cúmulo
       (cuatro) de almohadas
       (a causa de una hernia
       de hiato) es quien escribe
       estos versos (no sé) o los

Anima

I don't know what the shimmering of midday light in a
    canal of water means.

The tense upright heron feels hunger in its curve I don't
    know if the heron is hungry or eats.

And the insects it devours I don't know what they have to do
    with the midday light shimmering
    in a canal of water.

I take off my shirt I don't know if the seed of cotton or linen
    led to the mould the scissors
    thimble thread of the cutter
    my father was all his life
    making suits from a
    few seeds.

I don't know if the few seeds were future suits.

I don't have the least idea of the inner workings of my
    wife's body the shape and cut of
    her childbirths I truly don't know
    of the suffering of Doña Leonor
    her children the gentleman knight Don
    Manoel de Sousa Sepúlveda
    her husband in the tragic maritime
    history I am reading in the comfort
    of my bedroom Sunday
    the year two thousand
    a place called Hallandale.

Sleepy I don't know if the one with his head lying back
    eyes squinting upon a high
    pile (four) of pillows
    (on account of a hiatus
    hernia) writes these poems
    (I don't know) if the hunger

escribe el hambre de la
erguida garza al curvarse
el hambre de vida del
padre (sastre) muerto
(hace más de una década)
o el insecto que devora
devora (ensimismado) tan
tranquilo tan hecho a su
imperio.

of the tense upright heron writes them
as it bends or the hunger for life of
my father (a tailor) dead
(more than a decade now)
or the insect devouring
devouring (engrossed in itself) so
calm so inside its own
realm.

Ánima

Una tediosa adolescencia en una isla tropical.

Sólo recuerdo una mesa unos padres a la mesa una
       hermana: suma de millares
       de días con sus mediodías
       (a la una de la tarde, el
       almuerzo).

¿Qué vestían mis padres; quiénes eran? No recuerdo
       uno solo de los vestidos
       de mi hermana (¿en qué
       pensaba?). ¿Y la mesa;
       y la mesa?

Bosques barnices entalladuras (incontables formas
       geométricas): una penumbra
       inabarcable ocupa el espacio
       de una mesa de comedor.

Siete años todos los días treinta minutos la hora del
       almuerzo (cuatro) personajes,
       a una mesa: mi hermana es de
       terebinto mis padres rombos
       dando vueltas sobre un vértice
       (mudo) de caoba: y yo miro y
       yo miro una pupila negra una
       pupila roja (veo) el ojo de
       ébano del padre el ojo de
       pino rojo de la madre
       cruzarse en la superficie
       de un espejo, al fondo:
       salimos en silencio, del
       comedor. A los pulidos
       círculos concéntricos de
       una madera preciosa (lisa)
       (lisa) a la incorpórea
       superposición de cuatro
       figuras tras las dos
       ventanas, de ajimez.

Anima

A tedious adolescence on a tropical island.

All I remember is a table some parents at the table a
        sister: the sum of thousands
        of days with their middays
        (lunch at one).

What did my parents wear: who were they? I don't
        remember a single one of
        my sister's dresses (what did
        she used to think about?)
        And the table; and the table?

Forests varnishes joints (countless geometric shapes):
        boundless twilight usurps the space
        of a dining-room table.

Seven years thirty minutes each day lunch hour
        (four) characters, at one table:
        my sister a terebinth
        my parents rhombuses
        spinning round a (mute)
        mahogany vertex: and I look
        and look one black pupil
        one red pupil (I see)
        father's ebony eye mother's
        red pine eye cross each other
        and recede into
        the depths of a mirror:
        we leave the dining room
        in silence. To the polished
        concentric circles of precious
        wood (smooth) (smooth) to
        the bodiless superimposing
        of four shapes across the two
        mullioned windows.

Ánima

> "Oh, to have been one step further on, and grown flowers!"
> —Eudora Welty

Un campo de achicoria recórrelo siroco escóndete lagartija.

Ya viene pastando ya viene la vaca pastando.

Campo agostado de achicoria un ramillete en el florero de la sala.

Bata de casa estampada azul floración un círculo negro la
    muerte amarillea.

Un círculo a su punto concéntrico cornucopia de muertos.

¿Y tú, eres tú, inclinada sobre un ramillete de flores secas
    en un florero la bata de
    casa abierta de par en
    par al golpe seco del
    siroco escamando
    escamando, qué?
    Simulas una ofrenda:
    núbil el vello ovarios
    circulatorios trompas
    de luz el íntimo arcaduz
    de tu carne vivo saco de
    aguas, lleno de flores.

Apoyamos la frente en la ventana un ajimez nos separa
    la mirada nos une en la
    contemplación de la
    tiñosa cebándose en la
    víscera azul de la res.

Anima

> *Oh, to have been one step further on, and grown flowers!*
> —Eudora Welty

A field of chicory race all over it sirocco lizard hide yourself.

Now the cow comes grazing now it comes to graze.

Parched field of chicory a bunch in the living room vase.

Patterned bathrobe blue blooms a black circle death turning yellow.

A concentric circle to its centre cornucopia of the dead.

And you, is it you then, leaning over a bunch of dry flowers
       in a vase, your bathrobe wide
       open to the dry beating of
       the sirocco scaling flake
       on flake? You the picture
       of an offering: nubile down,
       circulating ovaries, tubes
       of light, intimate
       conduit of your flesh,
       living umbilical
       waters, filled with flowers.

We lean our foreheads against the window a mullion separates
       us our gaze joins us,
       contemplating a buzzard
       glutting itself on the
       beast's blue viscera.

Ánima

Un campo de achicoria.

La vaca pastando la vaca pastando.

El campo agostado un último ramillete de achicoria
 en el florero de casa.

Círculos en derredor de sí misma el aura tiñosa.

Secos los campos muerta la flor de achicoria en el florero.

La tiñosa cebándose la tiñosa cebándose de la víscera azul de la res.

Anima

A field of chicory.

The cow comes to pasture the cow comes to graze.

The parched field a last bunch of chicory in the vase.

Circling round itself the buzzard.

Dry fields the chicory flower dead in the vase.

The vulture feasting the vulture glutting itself on the beast's blue viscera.

Ánima

El caballo se está comiendo las velloritas del campo, sé que
 va a llover.

Va a llover agua sobre agua el río estará lleno de la imagen
 del caballo (velloritas) las
 gotas de agua.

Un vaso de agua pasada por agua perdí el apetito por las
 confituras cañaverales en
 flor la letra escrita.

Acercarme a la orilla a mirar la garza con la vista fija a
 poniente mirar el pelícano
 volar a ras de las aguas
 comer por hambre (saciarse)
 comer por hambre: ¿quién
 lo pondrá por escrito?

Saciada la sed incubo muerte la muerte incubada sació mi
 mirada: se saciaron mis
 pulmones en algún prado,
 de velloritas.

Llueva que llueva Virgen de la Cueva, agua sobre agua es
 fuego: lava. El fuego lava
 las aguas del mar (lava)
 los manantiales, de fuego
 (ríos): corre la lava
 (erupción) la ceniza.

En las palmas de las manos un puñado de cenizas me
 restriego el rostro hecho
 para la ceniza: el hecho
 de la ceniza en las mejillas
 un punto de la ceniza en la
 frente el centro ígneo
 (inviolable) de la ceniza,
 en las pupilas.

Anima

The horse is eating cowslips in the field, I know it's going to rain.

It's going to rain water on water the river will be filled with the
        image of the horse (cowslip)
        drops of water.

A glass of water cooked in water I lost my appetite for jam
        flowering canefields
        the written word.

To come down to the bank to watch the heron its gaze fixed
        on sunset to watch the
        pelican flying along the
        water eating out of hunger
        (to sate itself) eating out of
        hunger: who can put this
        in writing?

Thirst satisfied I incubate death, death incubated satisfied
        my gaze: my lungs sated
        themselves in some
        meadow, of cowslip.

Let it rain all it likes Virgin of the Grotto, water on water
        is fire: lava. The fire
        (lava) washes the sea's
        water washes the
        springs, (rivers)
        of fire: the lava
        runs (eruption)
        ash.

In the palms of my hands a fistful of ash I rub my face that
        is made for ashes: making
        ash on the cheeks a mark
        of ash on the forehead
        the igneous (inviolable)
        centre of ash, on the pupils.

Tarde; me inclino: majestad de la sombra (agua sobre agua,
      es fuego): ya me asemejo
      a un plantel de flores
      repentino (mayo) majestad
      de la sombra no del cuerpo,
      la majestad: un exabrupto
      la flor de los pulmones.

Me estoy comiendo el aspecto último de mi sosiego para escribir
      agua sobre agua para escribir
      es fuego: escribir al entrar en
      sosiego a la casa que no veré,
      no la veré, era agua aun allá:
      era entonces agua con el
      plumbago florecido la
      bandada de pájaros negros
      que miraba pasar desde la
      terraza rumbo a la vieja
      alameda de la ciudad.

Ya me como ya me como aquel plantel florido de plumbagos
      (aquí) me llevo a la boca
      (ceniza) un puñado
      (sombra) de velloritas,
      me asomo: a mirar caer
      la tarde azulada manchando
      el mar violeta de azul
      (manchándome) la boca
      reseca de este aspecto
      último (común y corriente)
      del agua en un vaso de
      agua (su ceniza a la boca).

Evening; I lean over: majesty of darkness (water on water,
        is fire): now I'm like a
        seed-box (in may)
        suddenly filled with
        flowers, majesty of
        darkness not the body—
        majesty: an abrupt gesture
        flower of the lungs.

I am eating up my last vision of calm to write water on water
        to write is fire: to write
        on calmly entering the
        house I will not see, I
        will not see it,
        where the house stood
        now only water:
        it was water, then,
        along with the flowering
        plumbago the flock of black
        birds I saw from the terrace
        heading for the city's
        old alameda.

Now I eat now I eat the flowering punnet of plumbago
        (here) I lift to my mouth
        (ash) a fistful of cowslip
        (darkness), I lean out: to
        watch bluish evening
        fall staining the sea blue
        violet (staining me) the
        dry mouth of this final vision
        (totally ordinary) of water
        in a glass of water (its
        ash to my mouth).

Ánima

Tendido en una floresta la cabeza apoyada a una piedra
    porosa el musgo en la cabeza
    mirobálanos los ojos las manos
    cruzadas a la nuca ojos fijos
    ojos sobrenadando en el cielo.

En el cielo arriates de trinitarias florestas de adormideras
    el cielo prado florido de
    espliego.

Un macizo de espigas brazadas de amentos (calas) (calas)
    arriate inabarcable de
    sarmientos.

Miro (cóncavo) miro (dodecaedro ojo de la mosca) marea
    de crisantemos blancos (miro)
    desde mis concavidades.

Y está el ojo en lo cierto que es la profusión de hormigas
    incrementando la marea (azul)
    del cielo la recombinación del
    lagarto y la abeja prolongando
    lo huidizo en lo borroso: otro
    vuelo (polen) otra deposición
    (gota) (a gota) llenar las
    concavidades.

Tendido en la primera oscuridad de la tarde en los primeros
    días de otoño el ojo imanta la
    arcilla del terreno endurecido
    imanta el otoño el hielo.

Y el ojo mira la helada en el cielo el ojo reconoce un apocalipsis
    negro de caballos (Dios) en
    dirección contraria (Señor)
    ya en dirección contraria.

Anima

Stretched out in a forest head resting on a porous stone
        moss against my head
        my eyes cherry plums hands
        crossed at the neck eyes staring
        eyes floating in the sky.

In the sky flowerbeds of pansies forests of poppies
        the sky a meadow blooming
        with lavender.

A clump of spikes armfuls of catkins (lilies) (lilies)
        vast bed of vine shoots.

I look (concave) I look (the fly's dodecahedron eye) a tide
        of white chrysanthemums
        (I gaze) from my concavities.

And here the eye looks into reality's certitude - a profusion
        of multiplying ants (blue) tide
        of the sky recombination of
        lizard and bee, sky extending
        as elusive as blurred: one more
        flight (pollen) one more little
        deposit (drop) (by drop) to fill
        the concavities.

Lying in the evening's first darkness in the first
        days of autumn the eye
        magnetizes clay from
        hardened soil
        magnetizes the autumn
        the ice.

And the eye looks at the frost in the sky the eye recognizes
        a black apocalypse of
        horses (God) in reverse
        direction (Lord) already
        passed in reverse direction.

Cuarenta años de desierto: la cima (arena) el estuario (limo)
    los arrecifes (polvo, de cales):
    un archipiélago de arena estos
    cuarenta años este reloj de
    arena (su conteo) en mis ojos.

Tendido, de basalto, cuarenta años.

Y el ojo de obsidiana mira el cielo florido de negras trinitarias
    su punto cardinal más al
    norte me entrega un ramillete
    negro de mirobálano.

Y lo miro y lo vuelvo de revés y me procuro por una tangente
    del reloj de arena en los ojos:
    soy aquél que ocupa el
    espacio (segundo y longitud)
    del guijarro pulido que refleja
    (estrato inmaculado) un cielo
    (floresta, de espejismos)
    cuajado de azules escalas
    para el descenso.

Soy oriundo. No salí. El jade de la lagartija es mi país o vocación.
    Soy parte matemática.
    Accidente gramatical
    (enunciado). Fijo injerto
    del cielo.

Forty years in the desert: the peak (sand) the estuary (mud)
    the reefs (dust, of lime):
      an archipelago of sand these
      forty years this hourglass of
      sand (its count) in my eyes.

Stretched out, like basalt, forty years.

And the obsidian eye watches the sky blooming with black
    pansies its cardinal
    point further north
    surrenders to me a black
    branch of cherry plum.

And I gaze and turn it round, trying to find myself at some
    tangent of the eyes' hourglass:
    I am the one occupying
    the space (to the second,
    to the length) where
    the polished pebble reflects
    (immaculate strata) a sky
    (forest, of mirages) studded
    for descent with a ladder's
    blue rungs.

I am of this place. I did not leave. The lizard's jade is my
    homeland or vocation. I am
    a mathematical part.
    Grammatical accident
    (enunciation). Permanent
    scion of the sky.

Ánima

Señor, de la enramada broten cocuyos brote flor de
       cerezo un cuenco de cerezas
       a la mesa una mesa de cerezo
       un mueble consola doce cuencos
       multiplicados para los comensales
       de la comarca (Señor) el cerezo
       aún cuajado para las bandadas
       interminables de paros carboneros
       herreruelos gorriones.

Omnipresente, ciega mis ojos a todo impedimento que
       viene del miedo haz
       que reencuentre como
       corresponde a mis
       progenitores sus
       progenitores formando
       corro celeste a la alta
       puerta de jerusalén de
       la cintura (talle) del
       brazo bailando un
       danzonete en la
       quietud de una puesta
       de sol en un horizonte
       jade.

Omnisciente, encuentre yo el vestido amarillo de Ajmátova
       enterrado entre unas piedras
       a la orilla del mar me siente
       a su lado a verla (escucharla)
       componer un poema en
       Slepnyovo en Tsarskoye Selo
       sobre el vestido amarillo que
       escondió entre unas piedras
       se echó a nadar desnuda al
       mar (Señor) trenza mis
       cabellos vísteme de seda
       amarilla estampada con

Anima

Lord, fireflies break off from the bower on the bower
>cherry blossoms break open,
>a bowl of cherries on the
>table a table of cherry
>wood a console twelve bowls
>multiplied for the participating
>diners of the region (Lord)
>the cherry tree still loaded
>for unending flocks
>of titmice chickadees sparrows.

Omnipresent one, blind my eyes to every impediment that
>comes from fear grant
>that I may once more meet
>my ancestors and my ancestors'
>ancestors forming a
>celestial choir at Jerusalem's
>high gate with arm at the waist
>(waistline) dancing a danzonete
>in the calm of a sun going
>down on a jade horizon.

Omniscient one, may I come face to face with
>Akhmatova's yellow
>dress buried between
>stones on the seashore
>I sit down beside
>her see her (listen to her)
>compose a poem in
>Slepnyovo in Tsarkoye
>Selo about the yellow dress
>she'd hidden among stones
>when she went to swim naked in
>the sea (Lord) braid my hair
>dress me in yellow silk printed
>with cherry flowers a jade
>brooch my skin marbled that

        flores de cerezo un broche
de jade la piel jaspeada de
aquel color que tuve en mi
adolescencia señálame en
arco (vuelta de carnero) el
camino de regreso (¿sabré
si he de quedar en alto en
un punto de luz encrucijada
de cuatro vientos cuatro
puntos cardinales al eje
todos a un eje, culminados?).

Rey de Reyes concédeme el borde el terrón la hoja del
        laurel de Indias a punto de
desprenderse el grumo de
la arcilla la miga la escoria
el cendal el harnero la harina
candeal y la paja las barbas
del maíz la panoja corolas
sépalos raíces adventicias
corpúsculos de la astilla un
cisco del cisco una esquirla
de serrín el hilo la hilacha la
gota de hiel en la boca de la
mosca a la miel (Señor) para
mi hambre para mi hambre.

         colour it had in adolescence
         show me in the form of an arc
         (I'll do somersaults) the way home
         (will I know if I may stay in the sky
         in a point of light, intersection
         of four winds four cardinal
         points at the axis, everyone
         round one axis, having
         reached fulfilment?)

King of Kings grant me the edge the clod leaf of the
         India laurel at the moment
         it detaches itself the lump of
         clay the crumb rubble veil
         sieve white flour and
         wheat straw hairs of the
         corn cob the panicle corollas
         sepals adventitious roots
         corpuscles in the splinter
         the minute in the minute
         specks of sawdust thread
         lint drop of bile in the fly's
         mouth turned to honey
         (Lord) for my hunger
         for my hunger.

Ánima

Había anotado en una hoja de papel cuadriculado
    unos números.

Quemé la hoja no había quemado los números.

Me acerqué a la ventana contemplé un canal de aguas
    pensé en el salto del delfín:
    una garza posándose en las
    marismas.

Estas aves se nutren de mariscos minúsculos.

Pegué la frente al cristal de la ventana entrecerrando los
    ojos: estas garzas crecen
    vuelan procrean nutriéndose
    de unos mariscos del tamaño
    de la punta de mis dedos.

¿Y eso es de Dios? ¿Eso, de Dios? Quemé (muy adentro)
    los números.

Y me senté en la silla de pino al pie de la ventana a leer
    en voz alta los Cantos de
    Novalis que publicó su
    amigo Tieck: leí hasta el
    oscurecer canturreando
    hasta entrada la madrugada
    sobre fiestas tranquilas
    (*stille Feste*) que yo
    recuerde así fueron
    también en altos (piso
    segundo) detrás de una
    ventana (Estrada Palma)
    el único número que aún
    queda inscrito en mis sienes
    (515) aparece desdibujado
    a la entrada.

Anima

On a sheet of graph paper I had jotted down some numbers.

I burned the sheet I had not burnt the numbers.

I drew close to the window, gazed at a channel of water, thought
        about the leaping of dolphin:
        a heron standing there
        poised in the wetlands.

These birds nourish themselves on tiny shellfish.

I pressed my forehead against the window pane
        my eyes narrowly focussing:
        these herons grow fly
        procreate nourishing
        themselves on a few
        shellfish the size of the
        tip of my fingers.

And this is of God? This, of God? I burned (deep inside)
        the numbers.

And sat down on the pinewood chair below the window
        to read aloud the Songs
        of Novalis published by
        his friend Tieck: I read
        till it was dark humming
        till dawn of the calm
        celebrations (*stille Feste*)
        as I recall celebrations were
        in the top-storey house
        (second floor) behind a
        window (Estrada Palma)
        the only number still inscribed
        on my forehead (515) scratched
        out at the entrance.

Ánima

De la mano de mi madre el ebanista entró en mi cuarto.

La discusión se centró durante un largo rato entre la
      posibilidad del palosanto
      y de la majagua.

Intervine abogando por el pino no necesito otro asidero
      para sentarme que el pino.

Se tomó la decisión (creo que extravagante) de hacer
      todos los muebles a la
      medida con madera de
      quebracho.

Tres meses después estaba (intemporal) cada mueble
      (inamovible) en su sitio: y
      yo me dispuse a iniciar una
      nueva vida (me sobrecogí):
      a cal y canto cerré la puerta
      del cuarto puse sobre el
      escritorio (recién encerado)
      (aún oloroso a anillos
      concéntricos) (oloroso a
      vástagos cortezas) (las
      manos, desbastadas) un
      ramillete de tomillo (vaso)
      un ramillete de trinitarias
      (florero) dos libros (abiertos):
      la oruga de marfil (una garlopa)
      el cenicero (negro) de barro
      cocido: de las raíces adventicias
      de un corpulento árbol
      (imposible fabricar muebles
      con su madera: así al menos
      oí decirle al ebanista) apareció
      una oruga: se enroscó, brotó
      una cereza: se abrió de un tajo

Anima

From my mother's hand the cabinetmaker entered my room.

The discussion centred for a long while on the possibilities of
    rosewood and mahogany.

I intervened advocating pinewood I need no other base to sit on
    than pinewood.

The decision was taken (extravagant I think) to have all
    the furniture custom-made from
    quebracho wood.

Three months later each piece of furniture (immovable) was
    (timelessly) in its place: and I
    set about beginning a new
    life (overawed): firmly and
    securely I shut the bedroom
    door put on the desk (recently
    waxed) (still smelling of
    concentric rings) (smelling
    of bark of buds) (the hands,
    roughened) a bunch of thyme
    (in a glass) a bunch
    of pansies (vase)
    two books (open):
    the marble caterpillar
    (a carpenter's plane) the
    ashtray of (black) pottery:
    from the adventitious roots of
    a corpulent tree (impossible
    to make furniture
    from its wood:
    so at least I heard the
    cabinetmaker say)
    appeared a caterpillar:
    it curled up,
    a cherry sprouted: split

          en dos, asoma la lombriz de
          tierra: recogida en sí misma,
          apareció (encendida) la
          lámpara de noche.

Han pasado cuarenta años (reina, la carcoma): en uno
          de los libros sobre la mesa
          de trabajo del cuarto una
          lepisma sigue masticando
          letra a letra los renglones
          ya se acerca del líber a la
          corteza a la semilla
          destrozada, del árbol.

Feraz: y pronto (feraz) me dispongo a iniciar la lectura
          del otro libro que quedó
          abierto sobre el escritorio:
          su título está aún por
          dirimirse el cuerpo de su
          texto en toda la extensión
          de sus renglones ya comienza
          a cobrar forma (dio de sí unos
          primeros trazos): lo sé por la
          mancha indeleble de tinta en
          mis dedos el residuo de
          carcoma a mis pies el ruido
          (insobornable) del gusano o
          la oruga o la lombriz de tierra
          (horadando) en un orden
          cronológico (pureza de la
          secuencia) letras renglones
          (tinta) huellas, digitales.

  in two, revealing
  the earthworm: concentrated
  into itself, the bedside lamp
  (switched on) loomed.

Forty years have passed (woodworm reigns): in one of the books
  on the worktable a silverfish
  goes on masticating the lines
  letter by letter now from
  the phloem it approaches
  the tree's bark its
  mangled seed.

Fertile: and soon (fertile) I prepare to begin the reading of the other
  book open on the desk: its title
  remains to be dealt with
  the body of its text through
  the entire sweep of its
  lines now begins to take
  shape (it yielded by itself
  some first sketches): I know this
  from the indelible ink stain
  on my fingers the residue
  of woodworm at my feet
  the noise (incorruptible)
  of worm or caterpillar
  or earthworm (tunnelling)
  in chronological order (purity
  of the sequence) letters lines
  (ink) imprints, of fingers.

Ánima

Voy a participar del movimiento de las constelaciones.

Astilla o chispa del meteoro.

El agua está plácida el pez se esconde en los arrecifes:
    voy a cantar siguiendo
    el sinuoso camino del
    riachuelo a una
    desembocadura de
    juncos: un caramillo,
    a la boca.

Un pañuelo de hierbas un abanico de anémonas.

Descarto prosopopeyas metalepsis anagoges y demás
    proposiciones del
    conocimiento formal.

Me desbanco: soy carnal, canto. Abrádeisme, madre,
    puertas del palacio (canto)
    siguiendo ahora el contorno
    de mi silueta.

Un mantel (en) la pradera extensa (ábaco, las constelaciones):
    amapolas a la desembocadura
    (lirios) (nébedas).

Llámame, avetoro: llama a mi silueta, garza. La boca cuajada
    de bardana ya crece el
    algodoncillo en la pana
    de mis pantalones.

Aleluya la marta el ratón almizclero (alforfón, la boca) su flor
    atestando el granero
    (postura del loto).

Anima

I am going to take part in the movement of the constellations.

Spark or speck of a meteor.

The water is calm, fish hide among the reefs: I am going to sing
    while I follow the small creek's
    sinuous path to its mouth
    of reeds: at my lips a reed pipe.

A peasant's broad handkerchief a fan of anemones.

I get rid of prosopopoeias metalepsis anagoges and all
    other propositions of formal
    knowledge.

I dislodge my old self: I am carnal, I sing. Let the palace gates stand
    open for me, mother
    (I sing) guided by
    my silhouette's contours.

A tablecloth (on) the wide meadow (the constellations, an abacus):
    poppies at the creek's
    mouth (lilies) (catnip).

Call to me, bittern: heron, summon my silhouette. My mouth
    crammed with burdock, milkweed
    grows from my corduroy pants.

Alleluia the marten the muskrat (its mouth buckwheat) its
    flower crowding the granary
    (lotus posture).

Ánima

Tengo a flor de labios (pulso, intermitente) el plexo
    solar.

Morir es un estertor golpe de sí del címbalo la boca
    abierta (parece una broma)
    demente surtidor de cuervos.

Escucha: no hay palabras ("y por tanto un número
    infinito será doce veces mayor
    que otro número infinito"): así
    dice Baruch Spinoza (*Ética*):
    a quien (*Herem*) maldijeron
    de día y maldijeron de noche
    (cuando se acueste y cuando
    se levante) y contra él dijeron
    (que Dios no lo perdone) no
    hay palabras. Sólo, oficio:
    darse la vuelta no mirar atrás
    no convertirnos en estatua de
    sal: escucha. Una liendre vale
    ante Dios. Un gamo. Un espino.
    Y un puercoespín. Todo ante
    Dios es núbil.

No se legisla la muerte.

Flor de manzano (totí) flor de manzano, una ventana
    (el marco verde, despintado):
    y luego de leer toda la tarde
    furtivado de madre de padre
    (mirar): pasan bandadas de
    pájaros negros rumbo al
    Paseo del Prado (lustrosos,
    plumajes) (el rastro azabache
    surcando a la caída de la tarde
    el espacio) (Cuba: espacio):
    mirar.

Anima

I have on the tip of my tongue (intermittent pulse) the
    solar plexus.

To die is a death rattle a blow of the self of the cymbal the
    mouth open (it seems
    a joke) crazily
    gushing fountain of ravens.

Listen: there are no words ("and therefore one infinite
    number will be twelve times
    greater than another infinite
    number"): so Baruch Spinoza
    says (*Ethics*): on whom (*Herem*)
    they laid a curse by day and
    a curse by night (when he lies
    down and when he gets up)
    and against him they said
    (that God would not
    pardon him) there are
    no words. Only, the job:
    to turn around not to look back
    not to turn into a statue
    of salt: listen. A nit matters
    before God. A buck. A hawthorn
    bush. A porcupine. Everything
    before God is nubile.

Death cannot be legislated.

Apple blossom (blackbird) apple blossom, a window
    (its faded green frame):
    and after reading all
    afternoon behind mother
    and father's back (to watch):
    flocks of black birds
    pass by making for the
    Paseo del Prado (dazzling,
    feathers) (jet-black trail

No extraviarme (mirar) no extraviarme (asomarme)
 no extraviarme (cantar):
 mi nación es el totí.

Una representación de la Nada por ausencia de palabras
 trastorna por diversidad
 de palabras la substancia
 de la Nada.

Yo en verdad sin saber muy bien qué digo no puedo
 decir otra cosa (ahora) que
 carezco de comportamiento
 modo substancia (carezco)
 sobre todo (Cuba) de aquel
 espacio: a las seis de la tarde
 (asomado) una bandada
 estridente de negros pájaros
 rumbo al Paseo del Prado
 (a pernoctar).

Éstas son las instancias que nos sorprenden Dios determina
 que el totí en la ciudad de
 La Habana se dirija al
 centro de la ciudad, a
 pernoctar.

A mí (instancia sorprendente) (a la verdad que asimismo,
 intermitente) se me hizo
 siempre cuesta arriba
 saber nada de mí saber
 (sorprendido) donde
 estoy parado (aunque
 siempre supe donde iba
 a dormir): saber si esta
 noche como todas las
 noches podré (¿será de
 Dios otro atributo?)
 conciliar el sueño.

    riding at sunset across space)
    (Cuba: space):
    to look.

Not to go astray (to look) not to lose my way (to lean out
    and look) not to be lost (to sing):
    my nation is the blackbird.

A representation of Nothingness by absence of words disturbs
    by words' diversity the substance
    of Nothingness.

I in truth without knowing very well what I am saying
    cannot say anything else (now) but that
    I lack behaviour
    mode substance (lack)
    above all (Cuba) that space:
    at six in the evening (leaning out
    to watch) a strident flock
    of black birds heading
    for the Paseo del Prado
    (to spend the night).

These are the moments that surprise us God determines
    that in the city of Havana
    the blackbird makes its
    way to the city centre, to
    spend the night.

To my (split second of surprise) (to speak the truth, likewise
    intermittent) it was always
    difficult to know anything
    about myself, to know
    (surprised) where I
    stand (though I always knew
    where I was going to sleep):
    to know if tonight as every
    night I shall be able (will this
    be another of God's attributes?)
    to find sleep.

Ánima

A las dos de la tarde minutos más minutos menos oigo
        desde hace semanas golpear
        en la azotea un martillo: una
        docena de golpes a intervalos
        precisos (pausa) otra docena
        precisa de golpes (otro)
        intervalo: reconozco prestando
        atención una duración de media
        hora ni un minuto más ni un
        minuto menos.

Duración que atribuyo como es lógico al séptimo sello al
        ángel de la trompeta séptima:
        y como se nos dice en el sitio
        correspondiente lo atribuyo
        a que el poder de los caballos
        está en su boca está en sus
        colas.

El martillo que oigo tiene mango de boj cabeza (pequeña)
        de plata: forja tres intervalos
        de cuatro golpes sucesivos
        para conformar la docena de
        martillazos (pausa) reiniciar
        tras breve silencio otra docena
        de martillazos (intervalos de
        cuatro) antes del próximo
        silencio (intermedio): cuatro
        golpes por Isaac (Katz) cuatro
        golpes por David (Kozer) cuatro
        golpes (no por necesidad finales)
        por Gastón (Fernández Carrera).

Y el reloj de la sala da de golpe las dos y media en punto
        (dos) dos (media) todo revierte
        a su abismo: el mundo es
        homogéneo (pocos lo saben)
        de modo que pronto cesará
        por completo este martillar

Anima

At two in the afternoon give or take a few minutes for weeks I've heard
    a hammer banging on the rooftop:
    a dozen blows at precise intervals
    (pause) another precise
    dozen blows (another)
    interval: paying attention
    I recognise a duration of half
    an hour not a minute more
    not a minute less.

A duration I attribute as is logical to the seventh seal to the
    angel of the seventh trumpet:
    and, as stated in the
    corresponding place, I
    attribute it to the way
    the power of horses
    lies in their mouths and
    their tails.

The hammer I hear has a boxwood handle a (small) silver head: it
    forges three intervals of four
    successive blows to fashion
    the dozen strikes of the hammer
    (pause) beginning again after
    a brief silence another
    dozen hammerblows (intervals of four)
    before the next (intervening)
    silence: four
    blows for Isaac (Katz)
    four blows for David (Kozer) four
    blows (not necessarily the last)
    for Gastón (Fernández Carrera).

And suddenly the living room clock sounds exactly two thirty (two)
    two (thirty) everything returns
    to its abyss: the world
    is homogeneous (few know this)
    and so, soon, this prophetic
    hammering will stop:

de profecías allá arriba:
gastón a su renovada casa
ya de antemano insinuada
años antes de morir, regresa:
intercambiamos a modo de
ocultamiento (estío) (hora
del hervor) palabras veladas
sobre el final de nuestros
progenitores palabras sobre
el papel del martillo de plata
el papel de aquel silencio
que se hizo en toda la tierra,
lapso de media hora: y me
habló de su abuelo por línea
paterna le hablé de mi abuelo
por línea materna hicimos un
gran silencio: velada, compañía.

Dormito: rodeado de unos libros del aguamanil con unas
gotas de esencia de azahar
(transpiro): a mano izquierda
(destapada, aún) transpira
(azul) una botella, vacía:
jarrón. Un vasto panorama.
Vasta en verdad la acción
de la mano al golpear con
el martillo de plata el
atributo de la muerte que
ciñe (viste) telas (martas)
a un desnudo de humus
(helechos): no cabe duda
de que esto último es un
primer vestigio, de realidad:
y el caballo gran poder de
ancas gran poder de ijares
potencia del pescuezo
potencia de la grupa
(ahora) revierte sólo
crines (cascos) forjando
en su galope la configuración
poderosa (doy fe) del caballo
(tajante) su duración.

gastón returns to his renovated
house anticipated
years before his death:
we exchanged as form
of concealment (summer)
(the fiery hour) veiled words
about the last days of
our forebears words
about the silver hammer's role
the role of that silence which settled
on the whole earth, in the lapse
of half an hour: he told me
of his grandfather on his father's side
I spoke of my grandfather on my
mother's side we made
a great silence: veiled, company.

I doze: surrounded by a few books, nearby the washbasin with its
    few drops of orange blossom essence
(I sweat lightly): on my left
(still uncorked) the faint
breath of a (blue) bottle, empty:
a vase. A vast panorama.
Vast to tell the truth the hand's
action striking with silver hammer
the attribute of death that binds
(dresses up) fabrics (sables) to
a bare lump of earth (ferns):
there's no doubt
this last detail is
a first vestige, of reality: and the horse
the great power and might
of its haunches
power and might of its flanks
power in its neck power
through its entire being becomes
(now) once more
only mane (hooves)
forging in their gallop (I bear witness)
the horse's powerful shape, its (short,
knife-like) duration.

Ánima

Tu campo es ónix las amapolas cardenillo.

Polvo de orín cae del cielo forja de onagros.

Tus ojos pozos ciegos tu respiración pozos artesianos.

No se doblega el agua en las represas se sostiene
        a sí misma a la espera: y no
        es por definición. Por
        definición se concibe pez
        se concibe en posición
        de firmes hueste de
        caballerías (Aminadab)
        aguarda: retoza (cabrillea)
        se filtra (abriéndose)
        poderosa es el agua
        adueñada, del tiempo:
        irrumpe. Vedla, remansada.

Un asno impoluto. Una sugestión de la luz. Un
        resplandor (oasis) la arena.
        Arenales. Y el viejo onagro
        se acerca a beber resplandor
        (bebe) espejismo.

La boca llena de arena: el profeta tiene que cubrirse
        el rostro con sus manos
        hirsutas no sea que
        incendie las florestas
        de mayo (la luz es un
        incendio): su mirada
        marca (oro blanco) el
        ganado (lacra) la vista
        de las congregaciones:
        sólo el transeúnte
        permanece exento del
        fragor de la candela
        (quema) que puedes.

Anima

Your field is onyx poppies coppery green.

Flakes of rust fall from the sky they forge onagers.

Your eyes sealed wells your breathing artesian wells.

Water does not bend in dams it sustains itself in waiting: and this
        not by definition. By definition
        water conceives itself fish,
        standing to attention it sees itself
        as hosts of war chariots (Aminadab)
        it waits: playful, once it takes
        possession of time, water (shimmers)
        is filtered (opens out) is powerful:
        it bursts. See it, pooled up.

An unpolluted donkey. A suggestion of light. A brilliant
        shining (oasis) the sand.
        Sandhills. And the old
        onager comes up to drink the
        light's glitter (drinks)
        mirage.

Its mouth filled with sand: the prophet must cover
        his face with his hirsute
        hands lest it set
        the may forests alight (light—
        a blaze of fire):
        his gaze brands
        (white gold) the cattle
        (plague) the gaze
        of congregations:
        only the passer-by is free from
        the candle's heat
        like the candle
        you too can (burn).

Es hora de mirar en un Libro de Horas los incisos
        que la ley prescribe: a
        saber, la ropa recién
        lavada (fragante); las
        cuentas saldadas hasta
        el último centavo; ni
        una sola petición de
        principio en lo que a las
        ideas se refiere; garabatear
        dos o tres máximas a ver
        si la palabra inicial, restalla;
        hacer donación (prendas)
        (prebendas); apretar el
        óbolo en la mano (oír)
        crujir; saber que se verá
        desgastarse el sistema
        óseo de la Profanadora;
        canturrear; inmiscuirnos
        en la propia voz intermitente
        del agua su susurro, canturrear.

Tu casa es una sombra de jacinto tus ojos biseles
        de aguamarina.

Estás vedado (vedado) del corzo de tu ciervo (yo)
        ortopédico (golpeo) el aire
        con la muleta de hojalata
        (cuatro) olmos golpeo con
        la contera, del bastón: y soy
        del ojo del sediento ruedas
        del agua ruedas a un círculo
        concéntrico.

It's the hour to consult in a Book of Hours the clauses the law
        prescribes: namely, clothes
        freshly washed (fragrant); accounts
        paid to the last cent; not once
        to beg the question when it comes
        to ideas; to scribble
        two or three maxims
        to see if the first word
        sets off an echo; to make
        donations (pledges) (prebends);
        to clutch the obol tightly in one's hand
        (to hear) creaking; to know
        the Whore of Babylon's skeletal
        system will wear away; to hum;
        to get mixed up
        in the water's own
        intermittent voice the silence
        of its whispering, to hum.

Your house is the hyacinth's shadow your eyes aquamarine
        bevels.

You are forbidden (forbidden) the fawn of your deer (I)
        orthopedically (beat) the air
        with my metal crutch (four)
        elm trees I beat with the walking
        stick's butt: I am the thirsty man's
        eye waterwheel wheels of
        one concentric circle.

Ánima

Una escalera de caracol.

A manera de símbolo me rapo la cabeza.

Una postura de loto intermedia (respiración)
      diez minutos.

Guadalupe me trae una taza de anís estrellado.

El ajuar de los reyes las arras de príncipes,
      potestad de las crines.

Subo al altillo, Aldebarán: bajo a desayunar,
      efigies.

Siervo: y Dios, cáliz de las miríadas labor hilada
      de golpe (bordado) de las
      encrucijadas con nada
      coincide.

Anima

A spiral staircase.

Symbolically I shave my head.

An intermediate lotus posture (deep breaths) ten minutes.

Guadalupe brings me a cup of star anise tea.

Dowry of kings bridal coins of princes, authority of a horse's mane.

I go up to the attic, Aldebaran: I come down for breakfast, images.

Serf: and God, calyx of myriads, work spun unexpectedly from
      intersections (needlework)
         coincides with nothing.

Ánima

De arena aguas redundan en la extensión.

Aguas redundan del Aqueronte.

Yo estoy hecho de sal de las salinas de Lot.

Una ocasión sólo una ocasión esta sal.

Aguas constantes sólo esta ocasión aguas
        constantes.

Fui parvas (heno) del horno ciclópeo ladrillo
        de la pirámide.

Agua constante ya encontró esta arena su nicho
        urna constante.

Y de la sal el trueno redundan aguas.

Heces de vida (hoz) mingitorios (hoces) de Dios
        la arena.

A la siega a la siega la arena baja de la espiral un
        oasis.

La atrocidad de la arena figura un animal de sal
        (redundan) hoces.

Gracia la arena de su espejismo (salinas) de arena.

Aguas, redundan: deambulo muerto a la atrocidad
        de la siega (golpe) deambulo
        a la ocasión de la arena (giro)
        una parva: yo estoy hecho de
        sal de las salinas de la mujer
        de Lot (heno) estas arras del
        Desposado.

Anima

Waters made of sand turn to immensity.

Waters come from the Acheron.

I am made of salt from Lot's saltpans.

One moment only one moment this salt.

Constant waters only this moment constant waters.

I was unthreshed piles (of hay) from the cyclopean
       kiln a brick from the pyramid.

Constant water the sand has already found its niche
       constant urn.

And from salt the lightning flash then waters come.

Dregs of life (sickle) urinals (sickles) of God sand.

At harvest time at harvest time sand comes
       spiralling down: an oasis.

The atrocity of sand images an animal of salt
       sickles (come).

Gracefulness sand with its mirage (saltpans) of sand.

Waters come: I wander dead towards the catastrophic
       harvest (blow) I wander into the
       presence of sand (I spin) a pile
       of unthreshed corn: I am made
       of salt from the saltpans of Lot's
       wife (hay) these coins the
       Bridegroom gives to the bride.

Ánima

Mastico a fondo el pez.

Opérculo branquia su espina vertebral a fondo mastico la
    ventrecha su oscuro fondo
    de agua dulce (inclasificable).

Estoy conforme es hora de derramarse urea aorta caudal
    indistinto a su desembocadura:
    el mapa informe que no sustenta
    nada sostiene (sustrae) brazo
    antebrazo falanges flanco
    izquierdo cuero cabelludo
    ventrículo (sustrae) próstata,
    pie izquierdo: a fondo imaginé
    tras la Nada un fondo: (a fondo)
    inventó mi cabeza a base de
    palabras la oscura idea de las
    palabras.

Desemboco: la boca llena del hambre inveterada que mueve
    las estrellas (desfondadas):
    boca acogida a las
    constelaciones.

Ánima, ánima un hilo el aire desprendido un ígneo esplendor
    la final pulsación del hálito
    a su herrumbre (doce)
    pronombres: efigie. Del
    número efigie al reloj.

Y bien se sabe que somos tras la masticación digeridos
    (instante) (y no transcurso)
    de vuelta, al pez: el punto
    de la carne ventrecha se
    vira de revés al aire (vira)
    a un enjambre revertido a
    su masticación de esferas
    (constelación) llaga (coral)
    a su estirpe.

Anima

I thoroughly chew the fish.

Operculum gill its spine and vertebra I thoroughly chew its intestines
    its dark source of sweet water
    (unclassifiable).

I agree it's time for urea aorta all the dim abundance to spill towards
    the opening: the shapeless map
    tells us it sustains nothing
    it supports (takes away)
    arm forearm phalanges left
    flank scalp ventricle (it
    takes away) prostate, left foot:
    on the other side of Nothingness
    I firmly imagined bedrock: basically
    my head on the basis of words
    invented the obscure idea
    of the words.

My outpouring: my mouth filled with the inveterate hunger that
    moves the (collapsing) stars:
    mouth that welcomes
    constellations.

Anima, anima a thread unconfined breeze igneous effulgence the
    corroded breath's last pulse
    (twelve) pronouns: effigy.
    Effigy of number—the clock.

And it's well known that through chewing we are ourselves
    digested (immediately) (not just
    over time) back, to the fish:
    the place where all the guts
    return to air (turn)
    to a swarm gone back to
    its chewing of spheres
    (constellation) wounds
    (coral) its own kind.

Ánima

La nada inmutable llaga de la muerte no llaga la Nada.

El punto, ¿una existencia? ¿En la línea se disuelve?
    ¿Revierte hilera? ¿Punto a su
    paralela, se concibe? Un punto,
    la hilera: doce negras hormigas
    al meridiano (doce) cabizbajo
    los muertos.

Ave silvestre (ave) silvestre se posa a su cansancio:
    tiene idea Dios de sí en su
    transmutación de ave casadera,
    al cepo: Espíritu cojo el pan
    feliz del cuerpo. A su cansancio
    (acogido) a su ideación de Dios,
    se retrae: cielos se retraen
    ultraterrenos (desperezo, final)
    ya no me desespera el cuerpo,
    total: y vivo caníbal de mí
    mismo nada espero de la
    Nada (ideo): puede que morir
    sea sorprender la contradicción
    en su luz final de idea (una)
    idea al desconcierto (un)
    oscuro desconcierto del
    doce a su revertida Nada
    (sustraído) en llaga
    (consumado): ave
    silvestre, anida.

Del ave revestida de Dios se desprenden escamas.

Solaz el viento solaz al bies la luz de un viento solaz:
    conjunción a la boca del
    doce dirimido a una mesa
    a una sola negrura al abrir
    (medianoche) la boca (abrir)

Anima

Immutable Nothingness death's wound does not wound Nothingness.

The point, an existence? In a line does it dissolve? Does it come back
    a row? A point making for its
    parallel, is that how to conceive it?
    A point, the row: twelve black ants
    making towards the meridian (number
    twelve head down) the dead.

Forest bird forest (bird) when it's tired rests: God catches an image
    of himself on being transformed to
    a courting bird, in a trap: crippled
    Spirit, happy bread, the bird.
    To its own tiredness (made
    welcome) to its imaging of God,
    it draws back: skies beyond
    the earth draw back
    (a final stretch) the body no longer
    disheartens me, at all: and I live a
    cannibal of myself I expect
    nothing of Nothingness (I invent):
    maybe to die is to catch
    contradiction in its final light
    as idea (an) idea in confusion
    (a) dark bewilderment
    of twelve at its returned
    Nothingness (twelve subtracted) as
    wound (twelve consummated):
    the forest bird, nests.

Scales fall away from the bird adorned as God.

Solace the wind solace light on the cross of a wind solace: twelve
    united at one table resolved towards
    the mouth towards that single
    blackness of opening (midnight)
    the mouth (to open) at midday

        el mediodía a su escueta
        matriz más negra.

¿Y cabe el cuerpo en Dios? En la cerrada boca de mis
        progenitores me recibe Dios
        como moscas a su Nada
        ancestral de generaciones:
        ópalo; contraída iridiscencia
        del ojo que iba a ver lo que
        hubo (habrá) y no hubo
        (qué hay): qué no inmutable
        de qué no qué llaga (nada)
        que no llaga a la Nada.

      to the unadorned pure black
      of its womb.

And is there space in God for this small body? In the closed mouth
      of my ancestors God receives me
      like flies welcomed
      into the ancestral Nothingness
      of their generations: opal;
      contracted iridescence of the eye
      about to see what was (will be)
      and was not (what is there?): what's not
      immutable of what no
      what wounds (nothing)
      that does no wound to Nothingness.

Ánima

Acabo de cruzar la intemperie del vino.

Jamás vi mayor mi pobreza.

Un calvero un rojo crucifijo carnosidad del
        alcornoque (descortezado).

Una voz confundo tres veces: la greda con
        mi madre; mi padre con
        el orín que se desprende
        en un único golpe de
        címbalos; la voz del
        desierto confundo con
        la carnosa voz del dátil
        a la boca.

El *shofar* miel en los alvéolos del panal me
        convoca de espaldas la
        cabeza cubierta a la
        conmiseración de la
        hez gota a gota prendida
        a los alvéolos de la carne.

Acabo de convivir a solas con la muerte, estirpe
        de mi existencia, consorte
        del eco.

¿Y qué, a qué, qué greda, cuál orín, adónde el dátil,
        el crucifijo adónde para
        qué hez?

Vida activa, epítome de la uva: vida contemplativa,
        epítome de la arena.

Intermedio, yo: agua corriente entrecortada Babel
        salí del vino, a la intemperie:
        plomos los ojos (poro) la

Anima

I've just come in from the fierce sun of wine.

Never have I seen my poverty so great.

A bald mountain a red crucifix the cork tree's raw flesh (stripped
    of bark).

Three times I mistake a voice: the clay for my mother; my
    father for the rust
    that falls from a
    single clash of
    cymbals; the desert
    voice I mistake for
    the date's sensual voice
    to the mouth.

At my back the *shofar* honey in the honeycomb's alveoli
    summons me, head
    covered in commiseration
    for the dregs caught
    drop by drop
    in the flesh's alveoli.

My time of living alone with death is over, scion
    of my existence, echo's
    consort.

And what, to what, what clay, what rust, where the date, where
    the crucifix for
    what dregs?

Active life: the grape's epitome: contemplative life, sand's
    epitome.

In-between, myself: flowing water faltering Babel I quit the wine,
    out there exposed to the elements:
    leaden eyes (pore) mouth

           boca llena de hongos
           (espora) yo, balbuceante.

A Oriente me vuelvo abro la boca (exhalo) recibo
           del filamento de la hez
           en vuelo la carnosa
           consagración de la uva
           ungiendo mi descubierta
           cabeza de greda la
           llamarada del vino.

    full of fungi (spore) I,
    babbling.

I turn to the East open my mouth (breathe out) from the dregs'
    flight (a filament)
    I receive the grape's fleshy
    consecration anointing
    my uncovered head of clay
    the blazing flames of wine.

Ánima

Grácil es el vuelo del ave de carroña.

Aura tiñosa amada, monda el hueso donde el corpúsculo
        lo tritura a la estupefacción
        de la carroña.

Aura tiñosa, roya del aire, carcoma de estupefacción, de
        ti misma tiñosa.

Ingiere traga atraca: desembucha el largo círculo
        concéntrico de vuelta al
        antecedente primero
        (gástrico) de tu vuelo.

Herida fugitiva la carroña a tu boca.

No temas, aura, la gracia postrera de la pestilencia: Eva
        apetece flores, la carne
        descompuesta de Adán
        se reordena al resplandor
        de un orificio: secundaria
        avidez, tus garras.

Intercédase por mí con el aura tiñosa: seré su alimaña
        de los campos, dígnese a
        concederme por vía de la
        euforia del día (Dios) a
        perpetuidad en su euforia:
        perpetuidad irreprimible
        del conejo de Indias al
        algarrobo a la hojarasca
        del conejo de Indias.

Anima

Graceful is the carrion bird's flight.

Beloved buzzard, pick the bone clean where the corpuscle pulverizes
    it to the carrion's stupefaction.

Buzzard, air's blight, woodworm of stupefaction, vulture of yourself.

Ingest bolt down cram: disgorge the wide concentric circle of return
    to the first (gastric)
    antecedent of your flight.

Fugitive wound, carrion to your mouth.

Don't fear, buzzard, the plague's last act of grace: Eve yearns for
    flowers, the decomposed
    flesh of Adam
    reappears rearranged as the
    glittering light of an orifice:
    secondary greed, your claws.

Let there be intercession for me with the buzzard: I will be its
    vermin of the fields, by way of
    the day's euphoria (God)
    deem to grant me
    in perpetuity
    the buzzard's euphoria:
    irrepressible perpetuity of the
    guinea pig to the carob tree to
    the guinea pig's dry leaves.

Ánima

Salí de casa (*torii*) (*torii*) Kyoto.

Prendo la cachimba de brezo, heno sus volutas, hórreos
      el humo (se apaga): prendo
      la cachimba de brezo, sus
      volutas alerces, jagüeyes
      sus ascuas.

Me pongo la camisa de algodón punzó, una amapola en
      el ojal (*torii*: las volutas de
      humo): me subo las mangas
      hasta los codos, me alzo el
      cuello (contoneándome):
      pepillo, mota, recia manilla
      oro dieciocho, cruzo el
      umbral de un monasterio
      en lo alto de Kyoto: alerces.
      ¿Gong? Y Prajñaparamita:
      rapado.

Cruzo (sentado) gordinflón (canturreo) las piernas:
      torii, torii, Kyoto.

Resbala la urna el cuerpo se apresta a salir de casa.

Fumo hebras de musgo reseco toco una flauta con nueve
      agujeros de coral el humo
      y el hilo de la tonada
      hilvanan el arco del
      zaguán de mi casa: túnica
      blanca de seda y un mosquito
      zumbándome al oído su más
      alta verdad: humo e hilo
      hilvanan la verticalidad
      del mosquito, cosen dos
      carbúnculos en la
      imperecedera mirada de
      la mosca.

Anima

I left home (*torii torii*) Kyoto.

I light the briar pipe, hay its coils, its smoke the large
        grain boxes (it goes out): I light the
        briar pipe, its coils larches, its
        embers fig trees.

I put on the red cotton shirt, a poppy in the buttonhole
        (*torii*: the smoke rings):
        I roll my sleeves up
        to the elbows, I
        pull up my collar (swaggering):
        cool young guy, hair slicked back,
        enormous 18 carat gold bracelet,
        I cross the threshold of a
        monastery above Kyoto:
        larches. Gong? And
        Prajñaparamita:
        head shaven.

(Seated) belly swelling I cross (hum softly to myself) my
        legs: *torii, torii*, Kyoto.

The urn slips the body prepares to leave the house.

I smoke strands of dry moss I play a flute with nine coral holes
        smoke and the tune's thread
        baste the arch of the hallway
        in my house: white
        silk tunic and a mosquito
        buzzing its highest truth
        into my ear:
        smoke and thread baste the
        mosquito's verticality, they
        knot two carbuncles in the fly's
        imperishable gaze.

Salgo de casa tras la mosca, busco a la abeja: rancio pese
    a mi juventud (cosa que no
    me exonera) sólo pienso en
    un punto del blanco, sólo
    atiendo a este único camino,
    tocar a una puerta, saber que
    entro, se habla de todo un
    poco (más bien hacemos ya
    por separado el recuento):
    ¿y la abeja que me guiaba?
    ¿La abeja, un descosido?

¿Y la mosca que me hizo salir de casa? Oigo el portazo.
    Oigo, el susto (torbellino
    iridiscente) de la sombra:
    aquí. La piquera a la entrada
    del panal. Ahí: un reflejo
    (rombo) del rostro, del
    cuerpo reducido a su
    máxima diseminación
    posible: control
    respiratorio me impongo.

La boca entreabierta, entreabiertas las fosas nasales, volutas
    adentro, adentro (*torii*)
    (*torii*) la porosidad del
    jagüey, del alerce: llegada
    a mi casa; sentado en la
    butaca, la puerta entornada
    del comedor, la ventana
    entornada al verdor de la
    sala, el paso de una sombra,
    paso de las esporas, este
    camino es el camino de la
    yema del dedo índice
    leyendo de derecha a
    izquierda (*torii*: de
    izquierda a derecha)
    (*torii*: por el espejo
    vertical los ideogramas).

I leave home after the fly, go in search of the bee: stale despite
      my youth (this no exoneration)
      I think only of one point
      in space, attend only
      to this one path, to knock at
      a door, to know I am entering,
      we speak of everything a little
      (rather we already counted
      each thing separately):
      and the bee that was guiding me?
      The bee, a slit?

And the fly that forced me to leave the house? I hear
      the door slam. I hear, (iridescent
      whirlwind) the shadow's fright:
      in this place. The hole at the hive's
      entrance. There: a (rhombus)
      reflection of the face, of the
      body cut down to its
      greatest possible dissemination:
      I impose breath control.

My mouth half open, nasal cavities half open, inside
      coils, inside (*torii*)
      (*torii*) the fig tree's,
      the larch's porosity: arriving
      at my house; seated in the armchair,
      the dining room door
      ajar, the living room window
      half open on greenery,
      the passing by of a shadow,
      passing by of spores, this
      path is the path made by the tip
      of my index finger reading
      from right to left (*torii*:
      from left to right)
      (*torii:* ideograms
      in the upright mirror).

Ánima

So water dies also.

Y si es así pobre del vino.

La sal no tiene destino.

No tiene destino la propia oquedad.

Habrá que dejarlo todo quieto.

A la madre del padre en su urna.

Urna madre del verdadero idioma.

La visión a ras del espejismo.

Carpas enmarañadas entre nenúfares.

Cae la uva percute el cristal.

Se desprende el rocío tiembla la porcelana.

So water also dies.

Pobre en verdad la corteza del alcornoque.

En verdad pobre el contorno vedado de la carne.

Pobre la insaciabilidad del aura tiñosa.

Preludio: en alto vuelan las auras. Dan vueltas
        a su semejanza las
        arenas del desierto.
        Rostro de la Presencia
        Divina Rostro de la
        Presencia Divina
        reconstruye más allá
        de los diques el agua.

Anima

So water dies also.

And if that's so, how sad for the poor wine.

Salt is of no use.

Hollowness in itself of no use.

We will have to leave everything alone.

To the mother from the father in his urn.

Urn mother of the true language.

Vision at the mirage's level.

Carp entangled in waterlilies.

The grape falls it strikes the glass.

An exhalation of dew the porcelain trembles.

So water also dies.

Truly poor the oak tree's bark.

The flesh's forbidden contours are truly poor.

Poor the buzzard's insatiability.

Prelude: high above buzzards flying. They circle
       round their image the desert
       sands. Face of Divine
       Presence Face of
       Divine Presence
       beyond the dikes
       reconstitute water.

Ánima

Iré a campo través escribiré Evangelios.

A un solo llamado inscribiré la amapola azul
        en las sienes de Guadalupe.

Me dirá el nombre contiguo a la carne (nombre)
        anterior a estas manchas
        lunares de sangre:
        reinscribirá a mi oído
        la tersura inviolada
        de la carne.

No es allá ni en derredor (no hay puntos cardinales)
        el norte es la aptitud del
        subsuelo (sur) es otro
        aspecto de las constelaciones:
        caminar; inclinarme. Recoger
        a plena luz del día mi sombra
        al inclinarse un ramillete (azul)
        de amapolas: dos motas
        (Bienamada) la tersura de
        tus pómulos: (dos) azules
        inscripciones la blanca
        llamarada marcando de
        tersura (asteriscos, vivos)
        la llaga inviolada de tus
        sienes.

A campo través en dirección contraria (no me apremia)
        (no se va a escabullir) el
        óvalo inverosímil
        (aledaño) de Guadalupe.

A la Patria desciendo de los alquimistas (por última vez
        la miro: Guadalupe) barro
        reinscrito.

Anima

I will walk across fields I will write Gospels.

At a single call I will inscribe the blue poppy
        on Guadalupe's temples.

It will reveal the name next to the flesh (name)
        prior to the lunar stains of blood:
        it will reinscribe in my ear
        the flesh's unviolated
        smoothness.

Neither over there nor round about (there are no cardinal
        points) north is the subsoil's
        fitness (south) another
        aspect of the constellations:
        to walk, to lean forward.
        In full daylight to gather
        my shadow as a (blue)
        bunch of poppies leans forward:
        two specks (Beloved)
        your cheeks' smoothness:
        (two) blue inscriptions
        white blaze of flames
        branding with smoothness
        (vivid asterisks)
        the unviolated wound of
        your temples.

Across fields in opposite directions (without hurrying me)
        (not about to slip away) the
        incredible oval
        (bordering) Guadalupe.

I go down to the alchemists' homeland (for the last time
        I gaze at her: Guadalupe) reinscribed mud.

Ánima

Crucé el umbral, puse el pie en una calle de arena, Vía
        Láctea, mediodía el espejismo
        de una sola estrella.

Camino de espaldas, sé que camino de espaldas, a un
        lado y otro deambulo, la
        soga al cuello, reata de
        mí mismo, adentro, a
        punto de cruzar el umbral
        todo permanece intacto.

Dos veces me advierten que me quede quieto, no se
        contradicen, es imposible
        que no se contradigan, no
        entiendo: una figura resbala
        por el espejo de cuerpo entero,
        la misma figura (otra voz)
        se ha fijado al espejo ovalado
        de vuelta al origen del azogue.

Cómo me llamo cómo me llamo, a qué: Vía Láctea el
        agua, intacta arena la huella
        de mis pies al cruzar el umbral,
        sé que no soy yo (ya era hora)
        a un lado y otro lo corroboro,
        corroboro que de perfil no soy
        yo, he cruzado: un tiempo
        bonancible, sin senda.

Una vuelta en derredor me trae el apogeo de mis
        progenitores, arena (hasta
        donde alcanza la vista)
        bailamos: sus progenitores
        de piedra caliza golpean
        ajorcas de agua, atambor
        el aire, un rastro de
        cardenillo, un sendero

Anima

Beyond the threshold I entered a street of sand, the Milky Way,
    midday the mirage
    of a single star.

I walk backwards, I know I'm walking backwards, I wander
    up and down, noose
    at my neck, lassoed
    to myself, inwardly,
    on the edge of crossing the
    threshold everything
    intact.

Twice they warn me to be calm, they don't contradict themselves,
    they can't stop contradicting
    themselves, I don't understand:
    a shape slips into the full-length
    mirror, the same shape (different
    voice) is stuck to the oval mirror
    to its (returned)
    mercuric origin.

What's my name what's my name, what's it matter: Milky Way
    water, intact sand the tracks
    of my feet as they cross
    the threshold, I know it
    isn't me (it's high time)
    I confirm this back and forth,
    confirm that in profile it
    isn't me, I have crossed:
    mild breeze, no path.

Turning around brings me the apogee of my forebears, sand (as far
    as the eye can see) we
    dance: their limestone
    ancestors strike bracelets
    of water, the air a tabor, a
    trace of verdigris, a malachite

de malaquita, reímos:
sentados; semeja un trono
la hierba.

Me vuelvo, a mis espaldas un mueble de majagua, la
desolación del azogue: me han
devuelto la mirada. Se
incrustaron de pie en el
espejo del escaparate,
sentados se han incrustado
en el espejo oval del
dormitorio: es la hora.

Yo por mí estoy dispuesto. Buena señal la intensidad del
calor, la aparición del sol
en mitad del cielo, cuarto
creciente la luna transida
de calor.

Agazapado, canto: alzo la voz, desciendo. Sonríen. Están
contentos. Doy por sentado que
por primera vez están contentos.
A sus pies me coloco, recibo la
bendición de sus progenitores.
Cae el cardenillo, cae la arena:
voz de progenitura.

Nos calzamos. Manto ritual. Solideo. La voz alzamos. Tres
voces fuimos voces de arena
somos, de nuevo: lenguas de
fuego, ateridas. Nos inclinamos
(reunidos) rozamos la madera
pulimos la madera: una estrella
incrustada en la frente.

Beato Angélico, dame la mano que llega el tránsito, se estrecha
la puerta, aparece el leopardo,
en sus ojos la estrella, la señal
de la arena, madre impostada.

path, we laugh: sitting there;
    the grass resembles a throne.

I turn around, behind me mahogany furniture, mercury's desolation:
    they return my gaze. Standing
    upright they became embedded
    in the wardrobe mirror, sitting
    they have knotted into the bedroom's
    oval mirror: it's time.

For my part I'm ready. Intense heat is a good sign, as is sun in the
    middle of the sky, a crescent
    moon stricken with heat.

In concealment, I sing: I lift my voice, I go down. They smile. They
    are happy. I assume that for
    the first time they are happy.
    I place myself at their feet,
    receive their forebears' blessing.
    Green rust falls, sand falls:
    voice of ancestry.

We put on shoes. Prayer shawl. Skullcap. We raise our voices.
    Three voices we were, we
    are voices of sand, once
    more: numb tongues of fire.
    We lean (united again)
    we brush against the wood,
    polish the wood: a star
    embedded in our foreheads.

Beato Angelico, give me your hand now is the moment of passing over,
    the gate narrows, the leopard
    appears, in his eyes the star,
    sign of sand, the voice all a
    showman's trick sham mother.

Ánima

Niebla. Urracas sobre la copa de un álamo deshojado al borde de una acequia. Niebla cerrada. Me digo a modo de plegaria el verso del Beato Angélico que escribí el otro día: he coronado. *Domus. Domus.* Delta del Po. Niebla tupida. Reposan las garzas al amanecer. Todo alimento es muerte un escalón por debajo de la escala. Jacob, la herida del muslo, ojos velados. Y la sustancia de la niebla (*nebbia*) es fuego. Se vuelve, agua. Ah, la necesidad. El río se transforma. Género. Número. Especie. Reposa, la garza. Ya comió. Sucumbe a su reposo. Ravenna. Riva. Ferrara. Reposan. Nieblas auguran. Y la naturaleza (madre potestad) ultima los destinos. *Specialità pesce.* A Ravenna: 59 Kms. *Bosco. Bosco.* Pino mediterráneo: *day and night. Night and day and night. Something in the way she moves (me). Goro, Gorino.* Otro caqui otro mandarino, frutecidos. Señor: ¿quién recoge la fruta, quién no la recoge? *Domus. Domus.* La urraca no tiene hambre esta mañana. Comieron las garzas. Yo pronto comeré de mi propia naturaleza. Sombra. Laúd. Un coro. Rojos querubines. Esta mañana rezo por el alma de Giuseppe Bellini. Devoción

Anima

Fog. Magpies at the top of a leafless poplar by the edge of
    an irrigation ditch. Heavy fog.
    I recite as a prayer the line
    of Beato Angelico I wrote the
    other day: I have crowned.
    Domus. Domus. The Po Delta.
    Dense fog. Herons rest
    at dawn. All food is death
    a step downward on
    the ladder. Jacob, the wound
    in the thigh, veiled eyes. And
    the substance of fog (*nebbia*)
    is fire. It becomes water. Ah,
    necessity. The river is transformed.
    Gender. Number. Species.
    The heron rests. It has eaten.
    Surrenders to its rest. Ravenna.
    Riva. Ferrara. They rest. Fogs
    portend. And nature (almighty mother)
    is final arbiter of fates. *Specialità*
    pesce. To Ravenna: 59 km.
    Bosco. Bosco. Mediterranean pine:
    day and night. Night and day
    and night. Something in the
    way she moves (me). Goro.
    Gorino. One more persimmon
    one more mandarin, the season's fruits.
    Lord: who gathers fruit, who doesn't
    gather it? *Domus. Domus.*
    The magpie isn't hungry this
    morning. The herons have eaten.
    Of my own nature soon I too
    shall eat. Shade. Lute.
    A choir. Red cherubim.
    I pray this morning for the soul
    of Giuseppe Bellini. Devotion for
    the waters the fog on the plain.

por las aguas la niebla de la
llanura. Devoción por la urraca
la garza. Alta devoción (Po)
por las tranquilas aguas del
Delta del Po. Po, Pound, Li Po:
altísima (serenísima) devoción
(*devotio*) por la poesía. *Domus.
Domus.* Soy benedictino, hecho
de terracota. Yo, el judío, soy
padre benedictino. Masilla.
Acudid, hijas mías, besad la
arcilla. *Vino. Pane.* Una
(*mela*) manzana gualda:
reproducción de la arcilla
el asombro de la oruga.

Devotion for the magpie the
heron. Deep devotion (Po)
for the calm waters of the
Po Delta. Po, Pound, Li Po:
highest (*serenisima*)
devotion (*devotio*) for poetry.
Domus. Domus. I am a Benedictine,
made of terracotta. I, the Jew,
am a Benedictine priest. Putty.
Approach, my daughters, kiss the
clay. *Vino. Pane.* A golden (*mela*)
apple: clay reproduction
the caterpillar's wonderment.

Ánima

Se abalanza la garza a lo extenso un abeto (abeto) (abeto)
    (abeto) un terebinto (siega,
de la cebada) un bosque de
laureles la doble acequia
verdinegra a lo extenso
(Diablo mundo Diablo
mundo, yo te amo)
(desalmado): otra vuelta
de la rueda (Rueda) piedad
la piedra indestructible del
molino (otra vuelta) las aspas
del pan (campos sembrados
de trigo) en flor el tabaco
(sazón, la vid) vuela a lo
extenso la garza (alba)
garzas de agua garzas de
viento a lo extenso la
garza (luz) nívea a la
blancura de los campos
sembrados de mijo (alforfón,
la luz) doce laureles (tres)
Reyes (doce) Apóstoles, a
un soto: tonel de agua, el
vino. A la salud los regatos
a la salud las alfaguaras
(blancura rígida de la garza)
ah, lo inmutable: su hambre
(maña de Dios) de somnolencia
(blanca) sin desvíos (desvaríos)
hambre, sin deterioro (vid)
(olivo): una abundancia. Las
 almazaras (alcuzas) al pie
del camino (una mesa) una
cuba (cáliz) a ras, las marismas.
Un campo de amapolas. *Deus
et hilaritas.* Dios (hilaridad)
un encinar tupido (habrá

Anima

The heron springs forward towards the vast open a fir tree (fir tree)
        (fir tree) (fir tree) a terebinth
(harvest, of barley) a grove of
laurel trees the double irrigation
ditch greenblack in open fields
(Devil world Devil world,
I love you) (heartless):
another spin of the wheel
(Wheel) piety the
mill's indestructible stone
(another turn) the windmill's
sails of bread (fields sown
with wheat) tobacco in flower
(the vine, ripened) the heron
flies back into the vast (dawn)
water-herons wind-
herons into the vast
the heron (light) snow-white
in the whiteness of fields sown
with millet (the light, buckwheat)
twelve laurel trees (three) Kings
(twelve) Apostles, to a grove:
water-barrel, wine. Here's to the
streams' health here's to the
health of the springs
(the heron's rigid whiteness)
ah, the immutable: its hunger (God's
cunning craft) in somnolence
(white) with no detours
(deviations) hunger, without
deteriorating (vine) (olive tree):
an abundance. Oil presses
(bottles for oil) along the road
(a table) a barrel (chalice), wetlands.
A field of poppies. *Deus
et hilaritas.* God (merrymaking)
a holm-oak thicket

bellotas hasta el Día del Juicio)
un pueblo rosado en la cima de
la pelada montaña (volved,
volved que está la mar en
calma): a Jerusalén. Tres
Patriarcas se inclinan a rozar
con la frente aquel campo
de amapolas (de arena la
amapola) bendice garza a
Abrahán a Isaac a Jacob
(Sara, bendícenos a todos)
rumbo a lo extenso: un abeto
un terebinto un bosque de
laureles, sendero único. Y
en lo extenso se sacia al
fondo la garza (harina)
(ceniza) del Espantapájaros.

(there'll be acorns till Judgement
Day) a pink village on the top of
the bald mountain (return, return
the sea is at peace): to Jerusalem.
Three Patriarchs lean over
to brush the field of poppies with
their foreheads (sand-poppy)
may the heron bless
Abraham Isaac Jacob (Sarah, bless
us all) heading into
the vastness: a fir tree
a terebinth a grove of laurel trees,
only one path. And in the vast open
the heron in the depths
is sated with the (flour) (ash)
of the Scarecrow.

Ánima

Nunca fuimos a Lanzarote.

Ariosto, sin leer (mucho menos en el original).

Bella palabra la palabra bellota (incomestible).

Refulge, cantero de caléndulas: refulge.

¿Y el malvavisco? ¿Y la lantana?

Huele a trementina en lo alto de Capri queman leña.

Un laurel, otro pino mediterráneo, amarillea la vid.

Amarillea la vid a la mesa conversan (otro convivio
    en la casa de Leví) a
    rebosar las garrafas.

Largo ha sido el trayecto, pocos los contratiempos,
    quieta la dicha esta
    mañana de diciembre
    (jubileo) (jubileo) con
    la yema de los dedos
    rozo al alcance la cima
    del sicomoro.

Anima

We never went to Lanzarote.

Ariosto, unread (much less in the original).

Beautiful word the word *bellota* (uneatable) (acorn).

Shine, bed of marigolds: shine brightly.

And mallow? And lantana?

Above Capri the smell of turpentine they are burning wood.

A laurel, another Mediterranean pine, vines yellowing.

Yellowing vine they converse at table (one more gathering in the
    house of Levi) carafes
    overflowing.

The path has been long, the mishaps few, this December morning
    calm and happy (alleluia)
    (alleluia) with my fingertips
    I can brush the top of the
    nearby sycamore.

Ánima

El viejo terebinto da vueltas a mi alrededor, estoy exento.

Soy del fuego una pieza redonda soldada a la Nada.

Celo el semen de la progenie celo hecho de la continuidad.

Ajustado el tiempo para dar una vuelta alrededor del
        terebinto no pude entrar
        al bosque.

Otro aspecto más de la consuetudinaria demarcación
        del tiempo.

Perdí la cabeza (la hila la hila) (di más vueltas que un
        trompo): al compás de los
        pasos del Extraviado en su
        circunscripción alrededor
        del terebinto (me mareo).

Soy una circunferencia un verde circunstancial ropas
        ajadas (olorosas) a
        trementina.

Hasta las heces (qué me digo, hasta la zupia) amo el
        resollar de pasos por la
        hojarasca mojada las
        agujas de pino en los
        bosques: ¿entraré?
        ¿Claro, del bosque?

Me detengo: se me pasó el mareo. Doy otra vuelta en
        redondo recojo unas
        bayas (rojas, aún) del
        viejo terebinto al fondo.

Versículo: una dirección (no estoy) un lugar de origen
        (no soy) una entrada (al pie

Anima

The old terebinth spins around me, I am set free.

I am a round coin of fire soldered to Nothingness.

Rut the progeny's semen rut fact of continuity.

Time reset so I can spin round the terebinth I could not
    enter the forest.

One more aspect of the habitual division of time.

I lost my head (the threads the threads) (spun more than
    a spinning top): in time to the
    Lost One's footsteps as he
    circumscribes the terebinth
    (I'm dizzy).

I'm a circumference a circumstantial green crumpled
    clothes (smelling) of
    turpentine.

To the dregs (what am I saying? to the muddy bottom) I
    love the panting sound of
    footsteps on wet leaves
    and pine needles in the
    woods: shall I go in?
    A clearing, in
    the forest?

I stop: my dizziness has passed. I turn around full circle
    once more gather
    berries (still red) from
    the old terebinth deep
    in the wood.

Versicle: a direction (I'm not) a place of origin (I'm not)
    an entrance (at the foot

del Monte Etna): y la voz
de mi madre al ánimo
exhortándome a volver
a la tierra (voz del
anonimato): viste túnica
blanca de frente túnica
verde detrás (ilumina la
luna su negrura): acato
su voz que me conmina
a volverme (río) a
volverme (árbol) me
vuelvo (agalla) luz,
rugosa.

of Mount Etna): and
my mother's voice
exhorting me take courage
come back to earth (voice
of someone already
anonymous): she wears
a white tunic in front
a green tunic behind
(the moon
illuminates her blackness):
I obey her voice as
it orders me to turn
into (river) to turn into
(tree) I return
(gall) as light, rough
as tree bark.

Ánima

A todo lo largo de la ribera refulge el arándano
    reaparece la frambuesa.

El somormujo (ríe) a ras de la laguna (hunde) la
    cabeza me llevo a la
    boca un puñado de
    frambuesas.

Memorable esta ocasión cuando el laurel de Indias
    soy yo.

Y Thoreau con el otro expedicionario se despidieron
    del indio Joe Polis se echaron
    a la espalda sus matules a
    buen paso llegaron a la
    estación para coger el
    último tren de la tarde a
    la noche ya estaban en
    Bangor.

Me tiendo a la orilla del Penobscot fumo tusa en la
    cachimba de maíz veo
    saltar peces en el
    Aboljacarmeguscook
    oí cantar (¿era yo?)
    los tordos silvestres
    (dijeron tordo)
    (*thrush*) oí que decían
    Adelungkuamooktum:
    y por debajo de una larga
    retahíla de gorjeos dijeron
    con voz oscura una sílaba
    carente de dimensión
    tendencia carente de
    manifestación dirección
    o eco.

Está todo agazapado.

Anima

All along the riverbank blueberries shine raspberry bushes
> reappear.

On the surface of the lake the loon (laughs) ducks its head under
> I lift a handful of raspberries
> to my mouth.

Fixed in memory this experience when I am the India laurel.

And Thoreau and the other member of the expedition said goodbye to
> Indian Joe Polis threw
> their packs on their backs
> reached the station at a brisk
> walk to catch the last afternoon
> train by night they were already
> in Bangor.

I lie down on the shore of the Penobscot smoke cigar-leaf in a
> corncob pipe
> watch fish leaping
> in the Aboljacarmeguscook
> heard wood thrush
> singing (was it me?)
> they called it
> *thrush* I heard them say
> Adelungkuamooktum:
> and beneath a long
> string of chirps and twittering
> they said in a dark voice
> a syllable lacking
> dimension tendency
> manifestation direction
> or echo.

Everything lies in wait ready to leap out.

Hace diez días que miro desde lo alto de una ventana el
 paso en cadena de las
 aves rumbo al espesor
 de la niebla que desde
 hace diez días oculta
 al fondo el horizonte:
 la mirada, avenida al
 Vacío, penetra a fondo
 la bruma tras el eco
 último de las aves: y
 me veo fumar bajo el
 laurel de Indias a la
 entrada de casa todo
 el contenido último
 de la cachimba de
 maíz (entro) al
 cerrarse los postigos
 (luz) oigo alejarse el
 último pregón del
 carretonero (la
 comida está lista)
 salta el pez canta
 el tordo caen al
 suelo los frutos
 maduros del
 arándano (<u>Maine</u>,
 sobre la mesa de noche)
 Adelungkuamooktum
 Adelungkuamooktum
 la sílaba.

For ten days now from a top story window I've been watching
    birds pass by in a line
    into the thick fog that
    for ten days has
    hidden the horizon
    in the background:
    my gaze, as it reaches
    the Emptiness, penetrates
    the depth of the fog
    following the last echo
    of the birds: and
    under the India laurel
    by the house entrance
    I see myself smoke
    the last remains of
    the corncob pipe
    (I enter) close
    the shutters (light) hear
    the last cry of a carter
    fade away (dinner
    is ready) the
    fish leaps the thrush
    sings the blueberry's
    ripe fruit fall
    to the ground (*Maine*,
    on the night table)
    Adelungkuamooktum
    Adelungkuamooktum
    the syllable.

Ánima

Ahora me descuido.

El desaliño de la indumentaria de Machado.

Traspapelo.

Pierdo la estilográfica. Yo, encasquillado (un modo
 de decir): un cierto descuido.

La Esfinge: gorra de pelotero, pajarita negra, las
 medias sin duda del mismo
 color (desteñidas) sólo que
 una es de lana la otra de
 algodón. Y el viejo cinto
 de cuero uruguayo que me
 acompaña hace treinta años
 (no fue nada caro) (las cosas
 se hacían con más cuidado):
 y detrás de la Esfinge Las
 Tres Edades del Hombre,
 una pared con Adán y Eva
 equidistante de otra pared
 con Adán y Eva mucho
 (mucho) más jóvenes: y
 en el centro Las Tres Gracias.
 Sólo ahí crece la hierba
 irrumpe el trébol el campo se
 cuaja (asfódelos): lo demás
 o mampostería o mármol
 cuarteado, a veces una
 esquirla de malaquita,
 unas astillas de ónix: así
 este mundo semiprecioso,
 esfera a Su imagen, a la
 espera de Su semejanza.

Corrijo a un ritmo de cuatro poemas diarios, perfilo un
 artículo de periódico una

Anima

Now I stop taking care of myself.

Machado's slovenly state of dress.

I misplace.

I lose my fountain pen. I, with my nib stuck (so to speak): a certain
    slovenliness.

The Sphinx: baseball cap, black bow tie, socks certainly the same
    colour (faded) but one
    wool the other cotton.
    And my old belt of Uruguayan
    leather that's been with me
    thirty years (inexpensive) (and made
    with more care):
    behind the Sphinx
    the Three Ages of Man, one wall
    with Adam and Eve
    equidistant from another wall
    with a much (much) younger
    Adam and Eve: and in the centre
    The Three Graces.
    Only there does grass
    grow, clover break through,
    the field is covered (asphodels):
    the rest stonework
    or cracked marble,
    sometimes a splinter
    of malachite, specks
    of onyx: thus this
    semiprecious world, sphere
    in His image, waiting for
    His likeness.

I correct at a rhythm of four poems a day, I put the last touches
    to one newspaper article

vez al mes, a veces (en
verdad a menudo) me
desprendo con un poema
nuevo (en mí no es nada
novedoso hacer un poema
nuevo) atiendo mis asuntos
de correos (esa compulsión)
(esa vieja argucia) (de algo
hay que vivir) (ese otro
enmarañado aspecto de mi
descuido): a este paso va y
consigo a) la sobriedad, b)
la concentración, c) anábasis,
d) satori, e) dar el salto.

Díctame, azar, y como por descuido, una causa exterior que
encamine mis últimos años
a la virtud: a la virtud quiero
decir de dejar en orden toda
esta maraña mía (*"It is hard
to stand firm in the middle."*
Canto XIII, E.P.): ahí, y como
por descuido, acopio de Caos:
una naturaleza.

a month, sometimes (often
to tell the truth) I loosen up
with a new poem (for me
it's no novelty to make a new poem)
I attend to the business
of my correspondence
(that compulsion) (that old
sophistry) (you've got to make a living
somehow) (that other tangled aspect
of my lack of care) at this rate
it will bring about *a*) sobriety,
b) concentration,
 c) anabasis, *d*) satori, *e*) making the leap.

Dictate to me, chance, as if inadvertently, a cause outside myself that
may lead my last years to virtue:
to virtue I mean to leaving
this whole tangled web of mine
in order ("*It is hard to stand firm
in the middle.*" Canto XIII, E.P.):
there, and as if inadvertently,
copious quantities of Chaos:
a natural form.

Ánima

Si soy un comprendedor, ¿qué comprendo, compasivo?

¿Del aire la configuración?

Comprendo la configuración, ¿qué comprendo del aire?

Y del amor, ¿qué comprendo, Salicio?

Comprendo que Amor es alta haya, agua clara, canto
        acordado, usado ejercicio
        ciego de la palabra.

Satie, y es comprensible, ama a Debussy.

Comprensible San Juan recostarse a la salida de los
        viñedos.

Y yo en casa comprendo al amor de una lumbre imaginaria,
        basta mesa, la suficiencia
        de una tarde de domingo,
        Satie, Égloga primera,
        Cántico espiritual, "y
        estarse amando al
        Amado."

No ser llamado a mayor comprensión que comprender,
        incomprendido, del salto
        imaginario del gamo a la
        Amada. (*"Donna mi priegha"*,
        ¿verdad Cavalcanti, Pound?).

A la verdad que sólo comprendo hoy del aire la configuración
        a la mesa de mi mujer
        Guadalupe, reflejo de
        una copa, reflejo a su
        vez de un cáliz, reflejo
        de unas bodas al inclinarme

Anima

If I am one who understands, in my compassion what do I
    understand?

The air's shape?

I understand the shape, what do I understand of air?

And of love, what do I understand, Salicio?

I understand love is a tall beech tree, clear water, song
    in unison, blind well-worn
        practice of the word.

Satie, and it's understandable, loves Debussy.

Understandable Saint John of the Cross taking a short rest
    on leaving the vineyards.

And at home protected by an imaginary light, I understand a
    rough wood table, a Sunday
    afternoon's sufficiency,
    Satie, the first Eclogue,
    Spiritual Canticle, "and
    to be loving the Beloved".

Not to be called to any greater understanding than to understand,
    without comprehending, the deer's
    imaginary leap to the Beloved.
    (*"Donna mi priegha"*, true
    Cavalcanti, Pound?)

Truth is today I only understand the air's shape at the table
    of my wife Guadalupe, reflection
    of a cup, reflection in turn
    of a chalice, reflection
    of a wedding as I bend
    towards the breath of her lips, kissing

al hálito de sus labios, besar
el aire, del aire de su boca
entreabierta besar ahora la
configuración del agua
(comprendo que cristalina)
en aura ebria transformada.

air, now in the air of her half-open mouth
kissing the shape of water (I know
how crystal clear) transformed
to a faint intoxicated breeze.

Ánima

Un exceso de prudencia es una enfermedad: un exceso
      de enfermedad es una
      imprudencia.

Evita, Kozer, los aforismos: toda ley general se contradice.

La felicidad es el aire el olivar la caña de azúcar en flor
      (su perspectiva) el tabaco
      en flor (no fumar) comer
      una vez al día.

Un gran silencio. Tres de la tarde. Luz. Chuang Tzu. El
      torno convierte la luz en
      mármol (palacios, de agua):
      un canal de agua a los
      desagües: tranquilidad de
      la tarde. Cruje (huele) el
      almidón.

Higiene. No estar solo. Leer. Rezar. Extraer del contenido
      de la luz el contorno verdadero
      de los objetos. De los seres. Tener
      bondad. En su defecto, buscar
      la bondad. No imaginar. Trabajar
      (olvidado). Y cada veintiséis años
      volver a celebrar nupcias con
      Guadalupe (guiño de ojo).

¿Será posible que en el inabarcable Universo sólo nosotros
      los pedestres terrícolas
      hagamos literatura?

Imposible dejar de rezar. No hay otra vida, todo allá está
      desierto (ni siquiera eso) por
      ende no es posible dejar de
      rezar: cual rápida es la luz
      indistinta es la finalidad
      de la vida.

Anima

An excess of prudence is a sickness: an excess of sickness an
    imprudence.

Avoid aphorisms, Kozer: every general law contradicts itself.

Happiness is air olive trees flowering sugarcane (the sight of it)
    tobacco in flower (don't smoke)
    eat once a day.

A great silence. Three in the afternoon. Light. Chuang Tzu. The winch
    turns light to marble (palaces,
    of water): a channel of water
    to drains: the afternoon's
    calm. The creak (the smell)
    of starch.

Hygiene. Not to be alone. To read. To pray. From the contents of
    light to extract the true outline
    of objects. Of beings.
    To possess goodness.
    In its absence, to seek
    goodness. Not to imagine.
    To work (oblivious). And
    every twenty six years to celebrate
    once more the nuptial feast with
    Guadalupe (an eye's wink).

In the boundless Universe can it be possible that only us dull
    earthlings make literature?

Impossible to stop praying. There is no other life, every beyond is
    desert (not even that) thus
    it is not possible to stop praying:
    as fast as light. Life's purpose
    is indistinct.

Una tarde apacible. Cumplo (con sesenta años de edad)
    veintiséis de casado: dos
    celebraciones. La una
    célibe la otra nupcial.
    Primero, descorchamos
    champán (no exagerar: se
    trata de una cava argentina
    de precio módico): una pieza
    de carne de primera (celebrar
    la presencia primera de la
    carne): ensalada: papas al
    horno: turrón. Segundo,

la siesta: dos cuerpos unidos (meteoros) en la inverosímil
    conjunción (inadvertida)
    de las constelaciones.

A placid afternoon. I reach (at sixty years of age) twenty
    six years of marriage:
    two celebrations.
    One celibate the other nuptial.
    First, we uncork champagne (not
    to exaggerate: a modestly priced
    Argentine vintage): a piece
    of prime beef (to celebrate the first
    presence of the flesh): salad:
    baked potatoes: nougat. Second,

siesta: two bodies united (meteors) in the implausible (unnoticed)
    conjunction of constellations.

Ánima

Yo soy el camaleón dormido me lleva la corriente.

Se va el caimán.

Y mi casa está en orden.

Guadalupe y yo acabamos de almorzar y Dios registra la efeméride.

No hay lapso entre la digestión el amor y la muerte.

Eso es parte del orden también lo ha registrado Dios en
    el Libro de los Acontecimientos.

Una cierta frugalidad incluso la aspereza de la piedra y de la arena.

Una cierta entrega a la hora de leer algunos poemas
    breves del joven Keats.

Algunos de los poemas breves de San Juan oráculo de Dios el poeta.

Una cierta frugalidad y en la máquina dando vueltas
    el cuarteto para cuerdas
    No. 5 Opus 18 de
    Beethoven.

Tres de la tarde domingo fin de año tengo sesenta
    años (dato, indistinto) he
    dado a la caza alcance.

Mañana, al borde, neutro, a un lado la tapia de las
    daturas (campánulas) a otro
    lado la pared del desvelo:
    diré a Dios por última vez
    la plegaria del Beato
    Angélico, eco del eco
    de una sílaba (neutra)
    (postrera) me habrá
    dado alcance.

Anima

I am the sleeping chameleon the current bears me.

The caiman moves away.

And my house is in order.

Guadalupe and I have just had lunch and God registers
    the event.

There is no interval between digestion love and death.

This is part of the ordained pattern God has also registered
    it in the Book of Events.

A certain frugality including the rough texture of stone
    and sand.

A surrender to the act of reading some short poems by
    the young Keats.

Some of the short poems by Saint John oracle of God the poet.

A certain frugality, and on the turntable Beethoven's
    string quartet no. 5 opus 18
    spinning.

Three in the afternoon Sunday year's end I am sixty
    (a mere fact) I have
    caught up with the hunt.

Tomorrow, neutral, at the edge of the abyss, on one side
    a high wall of datura (harebells) on
    the other the wall of insomnia:
    I will recite to God for the last time
    the prayer of Beato Angelico,
    echo of the echo of a (neutral)
    (dying) syllable will have
    caught up with me.

Ánima

Sobre una pierna se sostenía un largo rato la otra pierna había
    desaparecido.

Todo aquel mes escuchó durante horas las Suites para viola y
    clavicémbalo de François
    Couperin.

Leyó en voz alta un mismo versículo del Deuteronomio (6:4)
    oía su voz cascada el deterioro
    de su voz alzaba a lo alto la
    plegaria (aún) se sostenía
    (pierna) (oído) (cuerdas
    vocales).

¿Y Dios (por Dios) y Dios? Torpeza de una pregunta.

Un vaso de agua al alba un vaso de agua a la hora del
    crepúsculo: alguna fruta unas
    viandas repetir ciertos
    movimientos fundidos a
    cada movimiento (exento,
    a medida que se insiste en
    la repetición del movimiento,
    de aquellos aspectos del
    cuerpo que podemos
    considerar llamativos).

Se asoma pasa una garza oye una algarabía de gorriones
    (dadme, Señor, una visión
    superior a los sentidos) la
    garza se aleja enmudecieron
    los gorriones.

A la noche inclina el rostro sobre la frente de la amada
    (carisma de bondad) (viático)
    verifica antes de separarse el
    pronóstico del tiempo la
    configuración sobre la
    mesa del desayuno.

Anima

He held himself up on one leg for a long time the other leg
    had disappeared.

All that month he listened for hours to François Couperin's
    suites for viola and harpsichord.

He read aloud a single verse from Deuteronomy (6:4)
    heard his hoarse voice his
    deteriorating voice raise on
    high a prayer (still) held
    himself up (leg) (ear)
    (vocal chords).

And God (by God) and God? A question's clumsiness.

A glass of water at dawn a glass of water at sunset: some
    fruit some vegetables
    to repeat certain movements
    flowing within each
    movement (liberated,
    as long as the movement's repetition
    goes on, free from any
    aspect of the body that might
    call too much attention
    to itself).

He leans out the heron passes by he hears a gaggle of sparrows
    (grant me, Lord, a vision
    superior to the senses) the heron
    moves off the sparrows
    fall silent.

At night his face leans over the beloved's forehead (goodness
    and its charisma) (viaticum)
    before leaving he checks
    the weather report the
    shape of breakfast
    on the table.

Ánima

En Ecbatana el arco iris sólo es visible en santidad.

La floresta a mano derecha entre las ruinas se ha cuajado
    de acianos.

En cada flor desaparece otra estrella otro corpúsculo azul
    de Dios.

Antares (blanca) Alfa del Centauro (negra) Régulo (púrpura)
    Aldebarán (azul) (su azul aún
    no es verdadero): anaranjado
    (Arturo) argenta (Altair)
    oro (Vega).

De Vega el azul en potencia es más intenso: su corpúsculo
    ya estría el oro ya se reconfigura
    a mano derecha en la floresta
    una última secuencia de acianos.

El nombre de la estrella oscurece todavía uno de los apellidos
    de Beatriz oscurece (lapislázuli,
    retenido) la figura de Guadalupe
    encinta, todavía: desconoce la
    estatua de sal (al fondo). La
    azul intensidad del corpúsculo
    en la mirada de Guadalupe (guía)
    mano derecha a la floresta.

A mano izquierda (al fondo) la sal se desmorona (la estatua
    fue reconocida): un charco
    verdinegro refleja la intensidad
    bajo el sol del mediodía de un
    arrayán.

Guíame, arrayán, a los campos de aciano (guíame) tras la
    columna de sal al ojo lapislázuli

Anima

In Ecbatan the rainbow can only be seen in a state of holiness.

On the right hand side the wood with its ruins is covered in cornflowers.

In each flower one more star vanishes one more blue corpuscle of God.

Antares (white) Alpha Centauri (black) Regulus (crimson)
    Aldebaran (blue) (its blue
    not yet truly blue): orange
    (Arcturus) silver (Altair)
    gold (Vega).

Vega's blue is more intense in potency: already its corpuscle
    marks streaks on gold: to the right
    in the wood already
    reconfigures a last patch
    of cornflowers.

The star's name still conceals one of Beatrice's surnames conceals
    (lapis lazuli, held back) Guadalupe's
    pregnant figure, even now:
    she doesn't notice the statue
    of salt (in the background).
    The corpuscle's blue intensity
    in Guadalupe's gaze (leads)
    towards the right-hand side
    of the wood.

On the left hand side (in the background) salt is crumbling (the
    statue now recognised): a green-black
    pool reflects an intensity a
    myrtle tree in midday sun.

Guide me, myrtle tree, to fields of cornflowers (guide me) past the
    pillar of salt to Guadalupe's lapis

de Guadalupe a la esfera
imperecedera de la estrella
en ruinas (Beatriz) ya en alto
a la izquierda (Guadalupe) a
la derecha (al fondo) guiadme
del jaspe a la amatista al pie
del resplandor.

lazuli eye to the ruined
star's eternal sphere
(Beatrice) now high above
on the left (Guadalupe) on
the right (in the background)
guide me from jasper to
amethyst at the foot of
the shining splendour.

Ánima

Inorgánica mirada. Luz simple. Un gallardete se
    mece inorgánico entre la
    tiniebla y la luz.

Esfera, la madre. Luz el quimono que ciñe la
    predisposición de la carne
    a la luz. Asalto de la blancura.

El monje rapado rastrilla el pedregullo del jardín.
    Oleaje, fruición del agua
    recomponiéndose grava.
    En los cuatro puntos
    cardinales el mismo
    arrayán.

Es de noche. La noche inorgánica. Las ventanas cerradas.
    Las cortinas corridas. Un
    pormenor la luna: no cabe
    ya otra interpretación.

¿Y los serafines? Rocío en las bocamangas del quimono
    gris. Un monograma:
    escolopendra. Ambición
    de lo inorgánico ambición
    de estructuras. Un pormenor
    el serafín recompuesto
    materia orgánica (simulación)
    inorgánica: en verdad, ¿qué
    se puede decir?

Noche cerrada. Esculpo. Divago. Se mece el color mental
    forjando una acuarela. Es
    interior. Se refracta: no cabe
    duda de que cobra vuelo.
    Garza escindida (doble) en
    las pupilas.

Anima

Inorganic gaze. Simple light. A pennant sways inorganic between
    darkness and light.

Sphere, the mother. Light the kimono that binds the flesh's
    predisposition to light.
    Assault of whiteness.

The monk with his shaven head rakes the gravel in the garden.
    Waves, culmination of
    water refashioned as gravel.
    At the four cardinal points
    the same myrtle tree.

Night. Inorganic night. The windows closed. Curtained.
    The moon a mere detail:
    no other interpretation
    fits now.

And the seraphim? Dew on the grey kimono's cuffs.
    A monogram:
    caterpillar. Deep longing
    for the inorganic, longing
    for structures.
    A mere detail
    a seraphim refashioned as
    organic matter (simulating)
    inorganic: truly, what
    is there to say?

Dark night. I sculpt. I digress. The mind's colours waver
    to form a watercolour.
    Inwardly. It is
    refracted: there is no
    doubt it takes flight.
    Split heron (double)
    in the pupils.

Su blanco, ajeno. Su dirección, negra secuencia de puntos
    intermitentes al intervalo
    último de la blancura: es
    evidente que la garza al
    emanar de la mirada
    procede al desasimiento.

Poco distingo. No me prevengo. Acato (no porque sea
    irremediable) el acto doble
    de contemplar unos instantes
    la presencia de Guadalupe
    sentada en el sofá policromado
    de la sala (antesala) del
    movimiento reflejo de su
    figura para retenerme erguido
    en la butaca de la habitación
    a escuchar (*Adagio molto*
    semplice) una última sonata.

Its target, outside itself. Its direction, a black sequence of flashing points
    to the last interval of whiteness:
    it's clear, the heron as it breaks free
    from the gaze moves
    towards detachment.

I distinguish little. I give myself no warnings. I accept (not
    because it might be
    irremediable) the double act
    of contemplating for a few
    moments Guadalupe's
    presence seated on a polychrome
    living room sofa (antechamber)
    a reflection of her movement of
    her shape, keeping myself alert
    and upright in the bedroom armchair
    listening (*Adagio molto semplice*)
    to a last sonata.

Ánima

Ira, no: Príapo. Príapo el aire al aire. Alegría de quietud.
    Un canal de aguas un sauce.
    La mujer se inclina (detuvo)
    las aguas. Príapo, el cauce:
    su grupa (su cauce) Príapo
    a horcajadas en los ijares.
    Alegría el aderezo de la
    mujer. El agua (detenida)
    cabrilleos de una ajorca. El
    cabrilleo (detenido) de la
    pulsera. Yo me inclino: ver,
    reverdecer. Príapo, de luz:
    cristal de roca translúcido
    colma la luz. Al ánimo
    el ánimo al aura transfigurando
    el aderezo (dormilonas)
    (pulsera) (collar de ébano)
    ajorcas. Se inclina la mujer
    bajo el peso (retenida). Por
    la grupa (ijares) la mano
    sellando por delante sus
    muslos (carimbos, la luz).
    Príapo, retozón: alegría del
    sauce incandescente al
    mediodía flanqueando
    (dos vueltas) a la mujer.
    Vuelta y vuelta, darle
    nombre. Nombrarla de
    Príapo, incandescencia
    (flanqueada). Un nombre
    de nueve letras, ¿por qué
    no? El número, anterior. La
    unidad aún no se precipita.
    El número aún no se desboca.
    Afincado el número al nueve:
    del nueve a la letra se mueve
    sin mayor precipitación. Es

Anima

Anger, no: Priapus. Priapus air in open air. Joy of calm.
    A channel of water a willow tree.
    The woman leans over (she stopped)
    the waters. Priapus, the riverbed:
    his buttocks (his riverbed).
    Priapus straddling with his flanks.
    Joy woman's adornment.
    Water (held back)
    shimmering light of a bangle.
    The bracelet's shimmering (held back).
    I lean over: to see, to grow green again.
    Priapus, of light: translucent
    rock crystal fills the light.
    Keep going be brave
    to the aura transfiguring the
    adornment (teardrop earrings)
    (bracelet) (ebony necklace)
    bangles. The woman (held back)
    leans under the weight.
    By the buttocks (flanks) the hand
    brands the front of her thighs
    (the light, branding irons). Priapus:
    sensual frolic: joy of the
    luminous willow at midday
    flanking (two full circles) the woman.
    Encircled and encircled, to name this.
    To name her of Priapus,
    incandescence (flanked). A name
    of nine letters, why not?
    The number, preceding. Unity
    not yet precipitating. The number
    not yet running wild.
    The number set at nine:
    from nine to the letter
    there is a movement with no more
    precipitation. Joy flows in the calm
    from Priapus. Joyful light randy (romps)

alegre de Príapo la quietud.
Alegre luz rijosa (retoza)
concupiscente. Ira, no:
Príapo al aire. Bastión (de
luz). Asta (luminosa). Cristal
incandescente de roca. Último
número perdurable de la
colmena. Uno la g de la gracia.
Dos la u de lo ulterior. Tres de
Príapo los pies a la a del
allegamiento. Cuatro la d del don.
Cinco repetición del alfa. Seis
de su cuerpo el laúd. Siete llama
de lo ulterior a la u (unión). El
ocho a Príapo diola p (¿p de qué?).
El nueve de quietud incrustado
trajo a la mujer de la luz al
collado del fauno por la e
elevado. Nueve letras, la mujer.
Al alba, lenta. Fija, al mediodía.
Al anochecer, disuelta. Y yo río
esta tarde con ambas manos
sacando a relucir (Príapo) entre
la pana (risa) a dos manos
(desabotonado) irrumpiendo.
Oigo caer la pana sobre el tul.
Cristal de roca sobre la luz
(fulgor) (fulgura) la carne.
Es tarde, junto unas letras. Ya
tiene nombre (¿quién?). Nombre
del allegamiento (cornucopia)
dos viejos cuerpos (fortalecidos,
¿por vez postrera?) reverdecieron.
Y tras el acto (permutable) al acto
la carne, luz (contacto, verdadero)
del estero en la rada. Diadema, la
luz. Nos reclinamos. A lo lejos
oímos fugarse a la cierva por la
floresta en dirección contraria.

concupiscent. Anger, no:
Priapus in open air. Bulwark
(of light). (Shining) shaft.
Incandescent rock crystal.
The beehive's last enduring number.
One the g of grace. Two the u of
ulterior. Three from Priapus'
feet to the a of *allegamiento*, the
gathering together. Four the d of *don*,
the gift. Five alpha's repetition.
Six the lute of her body. Seven
calls (a flame) from far off to the
u (union). Eight gave Priapus
his p (p for what?). Nine inlaid
with calm brought the woman
of light to the faun's high hill
elevated by e. Nine letters, the woman.
At dawn, sluggish. Settled
at midday. At nightfall, she is dissolved.
And I laugh this afternoon with both
hands pulling out to dazzle
once more (Priapus) among
the corduroy (laughter)
with two hands (unbuttoned) bursting
in. I hear the fall of corduroy on tulle.
Rock crystal above light
(shining) (shines) the flesh.
It's late, I put together a few letters.
Already it has a name (who?).
Name of what is gathered (cornucopia)
two old bodies (filled with vigour,
for the last time?) have turned
green once more. And behind the
(changeable) act to the act
flesh, light (true contact)
from the estuary in the bay. Light
a diadem. We lie down.
In the distance we listen
to the doe fleeing through the forest

No se refleja (en el agua retenida).
Saeta. Refleja, saeta. Saeta en las
aguas retenidas del canal, reflejada.
Mediodía. Saltó la cierva.
Reclinados la contemplamos
subir (subir) diáfana, a lo alto.
Incrustarse. Más a fondo
incrustarse (al ánimo) (al
ánimo) todavía cristal de
roca lumbre azul (encarnar)
la esfera.

in the opposite direction. The doe
is not reflected (in the held-back
water). Arrow. It reflects, arrow.
An arrow reflected in the channel's
held-back waters. Midday.
The doe leapt. Lying back
we watch it rise up
(rise) diaphanous, high above.
Embedding itself. Embedding
itself still deeper in
(keep going) (keep going) rock
crystal blue blaze of fire (to
make flesh) the sphere.

Ánima

Sube a Yoshino, sube.

Al paso, de la mano, eres el cuadrúpedo.

Pinos, en la nieve: llévate a la boca un puñado
    intransigente de la nieve del
    camino, sin reverberación.

Musita, musita la canción del Príncipe Okuninushi
    ataviado (azabache) revestido
    (verde martín pescador) canta
    su último atuendo (índigo): al
    paso, de la mano, el venado
    en el primer recodo del
    camino.

Descansa. Atambor la piña al caer en la nieve (caramillo)
    un instante la cúspide del pino.

En Yoshino sube cantando al compás de tus piernas
    de lleno dedicadas al acto
    imperecedero de la ascensión:
    tras tu huella el leopardo
    apaciguado en la segunda
    revuelta del camino.

Tras tu huella aparecen cantando Basho Issa Buson.

Cuatro fases tiene la luna (canta, canta, la esfera): canta
    la luna nueva tras el tercer recodo
    en lo alto del camino: en redondo
    canta los gallardetes del crepúsculo
    (índigo) (verde martín pescador)
    al exabrupto, nocturno.

Siéntate. Verde lumbre la sombra del pino diagonal en
    la nieve: canta en voz alta la

Anima

Climb to Yoshino, climb.

Walk slowly, taken by the hand, you're a quadruped.

Pine trees in snow: raise an intransigent handful of the
      journey's snow to your mouth,
      no echo.

Whisper, whisper the song of Prince Okuninushi in his
      fine regalia (jet black) cloaked
      (green kingfisher) sing
      his final attire (indigo):
      walking slowly, taken by the hand,
      the deer at the first bend in
      the road.

Take a rest. A tabor's drumming a pine cone falls on snow
      (reed pipe) for an instant
      the pine tree's peak.

Climb to Yoshino singing to the beat of your legs fully
      dedicated to the imperishable
      act of climbing:
      behind your tracks
      the tamed leopard at the second
      turn of the road.

In the marks you leave Basho Issa Buson appear singing.

The moon has four phases (sing, sing, the sphere): sing the new
      moon on high past the third bend
      in the road: roundly sing sunset's
      pennants (indigo) (green kingfisher)
      an unexpected outburst, nocturnal.

Take a seat. Green blaze the pine tree's diagonal shadow on
      the snow: sing aloud the starling's

presencia del estornino
(diagonal) mirando el alba:
míralo cantar al alba
(exabrupto, amarillo) la
presencia voraz.

presence (diagonal) as it watches
the dawn: watch it
sing dawn (sudden, golden)
voracious presence.

Ánima

Reinado del agua, al sesgo. Con fervor (agua)
  con fervor (agua). Lluvia
  sin lumbre contraria al
  agua. Ígneo reinado el
  agua del subsuelo, agua
  del agua. Agua vaciada,
  agua del Reino. La
  clarividencia del agua
  entre las manos: regocijo
  del cristal. Vaso, reposa.
  Llave estupefacta el gobio
  que dormita al trasluz en
  la pecera. Arrobo verdinegro
  del musgo. Alga transverberada.
  La avena loca es agua. Traen
  agua las rosas de pitiminí.
  Traen agua los varasetos.
  Rosca contraria al agua, el
  pez. Saeta, de agua. Nasa,
  vacía. Se desenreda la lenteja
  de agua a ras (contraluz) de
  la superficie. Reaparece:
  loto; libélula; noctiluca
  (se estrelló). Reinado de la
  Muerte, agua que sobreviene.
  Reinado que sobreviene,
  astilla del agua. Una muerte,
  un loto. Una muerte, un
  rubí. Una muerte, trasluz de
  la libélula a la hora cuando
  revierte: noctiluca; gobio;
  nasa. Agua, vacía. El musgo
  (óseo) se desenrosca, polvo
  de tuétano (orín, la hez de
  toda vendimia). Reinado
  del trasluz, reino del orín:
  guadaña; cedazo; escombro.

Anima

Kingdom of water, slanted. Fervently (water) fervently
    (water). Rain with no
    dazzle of light is water's
    opposite. Fiery kingdom
    underground water, water from
    water. Emptied water, the
    Kingdom's water.
    Clear-sightedness of
    water cupped in your hands:
    crystalline joy. Glass, rest.
    Astonished key the goby fish
    seen against the light dozing
    in the fishpond. Greenblack
    rapture of moss. Pierced
    algae. Wild oats are water. Fairy
    roses carry water. Trellises
    carry water. Fish,
    a thread spinning
    against water. Arrow, of water.
    Empty net. At surface level
    duckweed unthreads (against light).
    It reappears: lotus; dragonfly;
    noctiluca (exploded). Death's
    kingdom, water that arises.
    Kingdom that arises, splinter
    of water. Death, a lotus flower.
    Death, a ruby. Death, the
    dragonfly against the light
    at the hour when it
    becomes: noctiluca; goby;
    net. Water, empty.
    Moss (bone-like)
    unthreads, marrow dust
    (rust, the dregs
    of every harvest).
    Kingdom of what is seen
    against the light, kingdom of rust:

Escombro del agua, el vaso.
Escombro del vaso, el musgo.
Musgo transverberado a
ras de una superficie (trasluz)
contrariado del agua. Haz
que no transcurra, gobio.
Haz que no se manifieste
más, libélula. Centella,
haz que repose. Un ascua,
alga; alga desenroscada el
agua estancada. Agua
estancada eslabón
verdadero. Madre
estancada, a su reino.
Reino de la gota
en reiteración de la
Nada. A su vacío
(vaciado) de agua.
Vacío al sesgo
(vaciado) de la
llovizna al golpear
(catarata) los techos
de pizarra. Ojalá.
Ojalá. Así el vacío
así el agua.

scythe; sieve; residue.
Water's residue, the glass.
The glass's residue, moss.
Moss, pierced at surface
level (seen against the light) opposite
of water. Make it not
pass by, goby.
Make it no longer show itself,
dragonfly. Spark,
make it rest. An ember,
algae; unthreaded
algae stagnant water.
Stagnant water a true
link in the chain.
Stagnant mother, gone
back to her kingdom.
Kingdom of the waterdrop
reiterating Nothingness.
To its emptiness (emptied)
of water. Emptiness on a slant
(emptied) of the drizzle
tapping (a gentle waterfall)
on slate roofs. Hopefully.
Hopefully. Thus
is emptiness thus water.

Ánima

Paul Vignaux (mucho se lo agradezco) me pone en el
    camino de la *sacrae*
    eruditionis summa.

Pianto della Madonna (Monteverdi) *a fair sight to*
    my ears: en Sión reposo
    sentado sobre la arena
    apoyado a una piedra
    miro en lo alto una
    cúpula (aún, intangible)
    en su cima reverbera
    curvado lo intangible:
    cierro los ojos (en Sión)
    O quam pulchra es.

Por mor de tangibilidad (ya que es bueno tener los
    pies sobre la tierra) se
    sobreentiende que quien
    esto suscribe hace la
    digestión sentado en
    su butaca de lector
    (torre de Montaigne)
    rodeado (quizás sea
    algo aparatoso) de
    libros (toda una
    acrobacia este asunto
    de los libros): una
    rápida ojeada muestra
    a mano izquierda el
    buró de pino barnizado
    sobre el velador Mevacor
    10 mg. (hay que precaver)
    en efecto el libro de Paul
    Vignaux: a mano derecha
    (sobrevolando) Quevedo
    (páginas inmortales del
    reverendo chueco antisemita

Anima

Paul Vignaux (I owe him much thanks) sets me on the
    way of the *sacrae*
    eruditionis summa.

Pianto della Madonna (Monteverdi) *a fair sight to my ears:*
    I rest in Zion sitting
    on sand leaning
    on a rock, up above I see
    (still intangible) a dome
    at its peak in a curve
    the intangible shimmering:
    I shut my eyes (in Zion)
    O quam pulchra es.

For the sake of the tangible (since it's good to have both
    feet planted on the ground)
    it's understood the one
    who signs this is
    digesting food, sitting in his
    armchair (Montaigne's tower)
    surrounded (slightly
    overdramatic perhaps)
    by books (quite a juggling act
    this matter of books): a quick
    glance reveals to the left
    the desk of varnished pine,
    on the bedside table Mevacor
    10 mg (a necessary precaution)
    Paul Vignaux's actual
    book: to the right
    (flying overhead) Quevedo
    (immortal pages
    by that half-blind
    bow-legged
    crippled anti-Semitic reverend:
    half-blind yet not ephemeral):
    also visible

        cojitranco cegato: cegato
        mas no efímero): se ven
        también unos poemas
        (todo un fajo de tankas)
        de la Princesa Shikishi:
        laderas bambú escarcha
        el cuclillo (*venite; venite*)
        en la cima del monte
        Katsuragi la escarcha
        recién formada reflejando
        a ras el vuelo (verdadero
        sobrevuelo) de la bandada
        de colimbos.

Yo opto yo opto por leer yo opto este atardecer bajo
        el formidable peso (sobrepeso
        verdadero) de todas las
        escritoras criaturas
        compositoras o estudiosas
        criaturas yo opto por leer
        en voz baja (queda)
        (queda) el breve poema
        de Kokan Shiren (poeta
        Gozan) donde refiere en
        breve cómo la firmeza de
        las cosas pierde el pie o
        cómo en el temor (verdadera
        lección de tinieblas) la
        ausencia absoluta de ruido
        o viento permite oír la lejana
        campana que a todos anuncia
        la conservación de una y
        todas las cosas forjadas
        de intangibilidad.

El acto de materia por consecuencia es cierto: *venite, venite*.
        Es cierta cierta materia por
        consecuencia *Laudate*
        Dominum: y por consecuencia

some poems (an
entire bundle of tankas)
by princess Shikishi:
bamboo slopes, frost,
the cuckoo (*venite; venite*)
on the peak of mount
Katsugari the newly formed
frost reflects on its
surface the flight (a true fly
over) of a flock
of grebe.

I opt I opt for reading I opt this afternoon under the
formidable weight (truly
formidable) of all
the writers composers or
studious creatures
I opt to read
under my breath (quiet)
(quiet) the short poem
of Kokan Shiren
(Gozan poet) where
it mentions briefly how
the firmness of things loses its
footing or how in fear (darkness'
true meaning) the absolute
absence of sound or wind
allows one to hear the distant
bell that announces to all the
preservation of each and every
thing forged by intangibility.

The act of matter's creation is therefore certain: *venite, venite.*
It's certain certain matter in
consequence *Laudate
Dominum:* and briefly as a
result what sights what sounds
what noise or what wind the bell
ringing what and by the way

en breve qué vista qué de oídas
qué ruido o qué viento el
campanazo qué y qué la
especie por cierto qué ha
sido o fue todo esto y qué
de qué la hora (consumada)
qué yo ni qué qué
reconfirmación la
criatura.

what kind what has been
or was all this and what
of what hour (consummated)
what I nor what what
reconfirms the creature.

Ánima

Está todo en su sitio.

El terebinto de mi bosque de letras.

La vez que presté atención al viento haciendo bailar las
        pencas y las frondas: y lo
        denominé en mi cabeza
        viento negro del rey
        Ajab, cesó el viento:
        una llamarada blanca,
        cesó.

El cuarto, sé a ciencia cierta que es una representación de
        la máxima blancura
        concebible asimismo
        de su vacío: lo sé por su
        manifestación (*res*) (*res*)
        su discurrir, conformarse
        materia y configuración:
        vedlo. Una lámpara de
        noche de donde brota la
        máxima claridad concebible
        de una hoja amarilla del
        sicomoro la abeja travestida
        hamadríade el cocuyo que
        es el relámpago hecho trizas:
        la triza de lo verde vuelta
        verdinegro vuelta negrura
        antes de reconfirmarse
        cuarto amueblado por
        cuatro o cinco objetos
        (todos en cuanto
        confirmación revestidos
        a grosso modo de sus
        cualidades más distintivas):
        ya puedo salir.

Anima

Everything is in its place.

The terebinth of my forest of letters.

The time I paid attention to the wind that set the ferns and palm
        leaves dancing: and in my
        head I named it King Ahab's
        black wind, the wind
        stopped: a blaze of white fire
        stopped.

The room, I know with distinct and clear knowledge, represents
        the maximum conceivable
        whiteness at the same time
        as its absence: I know this
        from its manifestation (*res*)
        (*res*) its passage through time,
        how it conforms to
        matter and shape:
        look at it. A bedside lamp
        where the maximum conceivable
        brightness of a yellow sycamore
        leaf bursts forth a bee (cross-
        dressed hamadryad) a firefly
        that is a shattered lightning
        flash: shattered fragment of
        green become greenblack
        become blackness before
        verifying for itself the
        room furnished with four
        or five objects (all,
        by way of confirmation,
        dressed once more
        grosso modo in their most
        distinctive qualities):
        now I can leave.

Puedo salir de espaldas de la habitación a mi abismo:
    vaciar (puedo) mi
    renovación.

Está todo (en su sitio) dispuesto.

El alba o la negrura, la compasión de la Reina Madre
    por las aves, el ruido
    impecable de la carpa en
    la alberca zambulléndose
    al hambre, los dos nenúfares
    (simultáneos) cerrándose: un
    rubí. Un agotamiento de mi
    energía descomunal, de
    repente inexplicable (a la
    vez que esperado: y deseado,
    en última instancia): el Verbo.
    Y un versículo del Libro
    abierto al azar: "como
    vasija de alfarero haráslos
    añicos." Y en verdad yo
    voy de mi figura al añico.

I can back out of the room towards my abyss: (can) empty out
    my renewal.

Everything is (in its place) disposed.

Dawn or blackness, the Queen mother's compassion for birds, in the
    pool the perfect sound
    of the carp as it dives
    in its hunger, two
    water lilies (simultaneously)
    closing: a ruby. My extraordinary
    energy exhausted, suddenly and
    inexplicably (even though
    to be expected: and, in the long run,
    wished for): the Word.
    And a verse from the Book
    opened at random: "shatter them
    like a potter's vessel". And
    truly in my person I travel
    from shape to shard.

Ánima

A contraluz mi reflejo no desdeña sentarse toda una tarde
    mirando hacia el estero (capa
    de yagua) (sombrero de bambú)
    el ojo vuelto hacia Kyoto: en la
    taza sin asas de porcelana vino
    de arroz, agua, vino de arroz,
    una tisana de hinojo.

El movimiento reflejo de las manos abre de par en par un
    libro: leo (demudado) (ya que
    el tiempo se acaba) sobre lo
    inenarrable de toda
    experiencia verdadera;
    sobre la transitoriedad
    (etc.): las cosas clásicas
    (todas) el libro las resume
    (lápidas) en dos o tres
    sentencias (las reverberaciones
    de esta palabra me atribulan):
    rara hora et parva mora.
    Alza el vuelo una agachadiza
    escondida en el arriate de las
    malvarrosas: la libélula se
    esconde en el jarrón (arreglo
    floral) con las tres nébedas
    los ramilletes de belesa en
    su centro una espadaña:
    ninguna felicidad mayor
    que la inteligencia de
    las palabras divinas
    (Juan Escoto Erígena):
    alba del colimbo que sale
    (vuelo rasante) del fondo
    más oscuro del bosque de
    alerces: sentado (yo) (¿yo?)
    en propia corporeidad ante
    el libro de par en par esta

Anima

Set against the light my reflection does not feel superior to sitting
        all afternoon gazing at the
        estuary (layer of palm fronds)
        (bamboo hat) my eye turned
        towards Kyoto:
        in the porcelain cup with no
        handles rice wine, water,
        rice wine, an infusion of fennel.

Movement a reflection of my hands opens wide a book: I read
        (altered) (now that time
        is running out) of the
        incontrovertible nature of
        all true experience; about
        transitoriness (etc): classic
        things (all of them) the book
        sums them up (tombstones)
        in two or three sentences
        (echoes of this word afflict me):
        rara hora et parva mora.
        A snipe hidden in the bed
        of hollyhocks soars up in flight:
        the dragonfly hides in the vase
        (floral arrangement) with three
        catnips bunches of plumbago
        at their centre a bulrush: no
        happiness greater than
        understanding the divine word
        (Juan Escoto Erigena): the grebe's
        dawn as (flying low) it leaves
        the darkest corner of a grove
        of larches: seated (I) (I?)
        in my own corporality
        before the wide-open book this
        afternoon read (slowly) (step by
        step) (the tip of my right index finger,
        moving slowly) of wisdom:

        tarde leo (lento) (al paso)
        (la yema del índice derecho,
        al paso) de la sabiduría: *De*
        summo bono sive de vita
        philosophi.

Alto, cae la tarde: trasudo (aún) afán. El afán de conocimiento.
        A la mesa dos platos (¿habrá
        algo más transitorio?) de
        arroz con unas tiras de
        zanahorias (perejil) unas tiras
        de hinojo (rodajas de nabo)
        otra taza de vino de arroz,
        agua, vino de arroz:
        Guadalupe emplea todo
        un caudal de fuerzas
        incontenibles en ponderar
        las bondades del vino
        bondades del arroz a la
        mesa, propiedad de las
        habas: pondera la
        presencia en verdad
        sagrada de la uva de
        par en par sobre la mesa
        (salta un pez volador en
        medio del Lago Biwa):
        yo me encasqueto el
        sombrero de bambú (del
        brazo vadeamos la orilla
        de una playa) bajo la luna
        llena el artificio de un
        arreglo floral (hipocampos;
        una estrella de mar) al
        cruzar unas palabras
        (incluso a punto de alzar
        un brazo) nos detuvimos.

*De summo bono sive de vita
philosophi.*

From above, evening falls: I lightly sweat (still) desire. Desire
      for knowledge. Two plates
      on the table (can there be
      anything more transitory?)
      rice, a few slices of carrot
      (parsley) a few slices of fennel
      (finely sliced turnip) one
      more cup of rice wine, water,
      rice wine: Guadalupe employs
      every ounce of her abundant
      strength to praise the benefits of
      wine benefits of rice
      on the table, the properties
      of broad beans:
      she praises the truly
      sacred presence of the
      grape wide-open
      on the table (a flying fish
      leaps in the middle of
      Lake Biwa): I place
      my bamboo hat tightly
      on my head (arm
      in arm we wade along the
      beach) under the full moon
      the artifice of a flower arrangement
      (seahorses; a starfish)
      exchanging a few
      words (even on the point of
      raising our arms) we stopped.

Ánima

Cupo de Dios, la hormiga.

A su paso los ríos se detienen: recorre el meandro la
      esfera rumbo a un punto
      negro (único) en la
      distancia: al alcanzarlo
      (azabache) se ha vuelto
      hormiga (atrás queda su
      cupo): dio una vuelta en
      redondo recorrió la forma
      del arco (aterida, en el
      cristal de la ventana
      aguardó la llegada del día)
      salió a la intemperie movida
      por un resorte en verdad
      interior: en sus fauces, polen.
      En sus fauces, carbúnculo.
      Un corpúsculo carnívoro,
      sus fauces: atolondramientos.
      Infusa especie. Género
      transitorio. El león inadvertido.
      Ara, desdeñada. Sagrado copo
      irrisorio: y sin embargo, cupo
      de Dios. Y sin embargo
      su recorrido una recta.

Discurre, desaparición.

Grifo hambriento, la hormiga: a su paso detiene el
      vuelo de las aves sostiene
      la segregación de la araña
      acompaña nupcial, a la
      mosca: a su paso la
      voluntad del recorrido
      (tangente) (diagonal)
      (saeta fija ajena a todo
      movimiento) perla de
      luz el sendero lo perla
      de guijarros tritura el

Anima

The ant, a portion of God.

As it passes rivers stop: a meander travels the globe toward
    a (single) black point
    in the distance:
    once reached (jet-black) it has
    become an ant (its portion
    remains behind): it turned
    a full circle travelled
    round the shape of an arc (frozen,
    on the window pane
    it waited for day
    to arrive) went out into
    the open propelled by
    truly internal springs: pollen
    in its jaws. A carbuncle
    in its jaws. Its jaws
    a carnivorous corpuscle: reckless
    unthinking jaws. An infused
    species. Impermanent
    gender. The disregarded
    lion. Disdained altar. Small
    ridiculed flake of holiness: and yet,
    a portion of God. And its
    meandering journey, nevertheless,
    a straight line.

It flows by, disappearance.

A ravenous water tap, the ant: as it passes it holds back the
    flight of birds, encourages
    the spider's secretions,
    keeps nuptial company,
    to the fly: as it passes, the will to
    make journeys (at a tangent)
    (diagonal) (the straight arrow
    alien to all movement)
    pearls the path with

polvo pulveriza a fondo
  el fondo azabache de la
  noche: verdadera aporía.
  Nido; celda; vestigio (el
  fondo, está fijo): y Dios
  coloca de sus fauces una
  gota de savia en el
  hormiguero.

Cupo de toda criatura, Dios.

Un copo musical al alba el día segundo de la
   hormiga atareada por
   primera vez (última)
   a fondo: detener el
   movimiento de las
   aguas del sol en su
   fijación o el hecho
   del objeto conforme
   por obcecación en
   la configuración
   primera (única)
   que lo representa:
   no es necesario no
   es del todo necesario
   la hormiga ser hormiga
   obcecarse la piedra en
   su ausencia total de
   discurso carecer el ave
   del mutismo absoluto
   (obcecado) de la piedra:
   infringe la hormiga toda
   forma de conocimiento
   infringe el reconocimiento
   del recorrido en verdad
   incorpóreo a su destino,
   azabache (no es un destino):
   con plena actividad de
   negrura devuelve de sí
   (santiamén, azabache)
   (desprovista) la sustancia.

       light pearls it with pebbles,
       grinds the dust, thoroughly
       pulverizes the jet-black
       bed of night: true aporia.
       Nest; cell; trace (the
       background, that's fixed):
       and God places a drop
       of sap from its jaws
       on the ant-nest.

God, a portion of every creature.

A single note of music at dawn on the ant's second day,
       the ant thoroughly busy
       for the first (last)
       time: holding back
       the movement of the waters
       of the sun in its fixity or
       the way an object
       conforms obsessively
       to the first (unique)
       shape that represents it:
       it is not necessary it is not
       at all necessary for
       the ant to be an ant
       for the stone to be
       obsessed with its total
       lack of speech the bird to lack
       the absolute (obsessive) silence
       of stone: the ant transgresses
       every form of knowledge
       transgresses recognition
       of its truly incorporeal
       journey to its own
       destination, jet-black (this
       no destination):
       frantically busy, black
       flake, of itself
       it restores (in a flash, jet-black)
       (deprived) substance.

Ánima

Ese árbol se ha detenido, olmo.

La curruca se ha detenido en mitad del aire.

Toda la noche el búho lacera ululando la terminación
    del olmo el centro laborioso
    de los claros del bosque
    (de revés) transformados
    en currucas en mitad del
    aire (olmos) a su extrema
    fulguración.

Todo, contiguo: el brasero, apagado. Tres naranjas
    agrias en el frutero, resecas.
    El naranjo del traspatio a
    pesar del clima tropical,
    deshojado. ¿Y qué decir
    de mis antepasados? Quiero
    decir, sin ir más lejos, de su
    extrema condición. ¿Se han
    detenido? Cosa, evidente.
    ¿Puede decirse que han
    muerto? Sólo puedo decir
    que al pie del olmo en mitad
    del aire o al escuchar toda la
    noche ulular al búho si viro
    el rostro a los cuatro puntos
    cardinales o vuelvo el cuerpo
    en dirección a la línea del
    horizonte (es interminable
    el movimiento rectilíneo:
    todo lo traspasa) padres
    (la madre) a mi llamado,
    no comparecen: me refiero
    al hecho carnal.

De momento sólo propongo a la zurita en mitad
    del aire (en efecto, a modo

Anima

The tree has stopped inwardly, become an elm.

The warbler has stopped in mid-air.

All night the owl's long hoots lacerate the final moments
        of the elm, laborious centre
        of forest clearings transformed (back)
        to warblers in mid-air (elms)
        in their extreme
        dazzling light.

Everything, right there: the brazier, extinguished. Three
        green oranges in the fruit
        bowl, dried out.
        The orange tree in the backyard,
        leafless despite the tropical climate.
        And what to say of my ancestors?
        Without more ado, I wish to speak
        of their extreme condition. Have
        they stopped? Obviously.
        Can it be said they have died?
        I can only say that
        at the foot of the elm tree
        in mid-air or hearing the owl hoot
        all night, if I turn my face toward
        the four cardinal points or turn
        my body in the direction of
        the horizon (there is no
        end to it, moving in a
        straight line: everything goes
        through it) parents (my mother)
        at my summons, make
        no appearance: I refer
        to physical facts.

For now I simply propose a wood pigeon in mid flight (actually,
        by way of substitution): I

de sustitución): propongo
(o sólo dispongo) la areca
a la entrada de casa a modo
de sustitución, del olmo: de
mis progenitores (de toda
ancestralidad) nada digo:
contemplo el brasero
apagado el sanguiñuelo
deshojado el cuenco
desportillado del almuerzo
(aún) en la mesa (mantel
de hule) (servilleta de papel)
(estraza, yo) (y yo, sarga a
rayas): a paso lento hago
el recorrido de la mesa a
la penúltima ablución del
día (anochece) búho, al
espejo (búho, es tu hora).

Ya convergen el canto negro de la curruca del búho con la
      extrema fulguración
      (azogue) del olmo.

propose (or only dispose)
the ornamental palm at
the entrance to my house as
substitute, for the elm:
of my ancestors (of all ancestry)
I say nothing: I contemplate
the extinguished brazier the leafless
dogwood the cracked
bowl from lunch (still)
on the table (tablecloth)
(paper serviette) (the brown paper bag,
myself) (and myself, a striped
serge cloth): slowly I make
the rounds of the table for
the penultimate ablution
of the day (night
falls) the owl, in the mirror
(owl, your time has come).

Now the warbler's dark song the owl's dark song merge
      with the dazzling elm's extreme
      (quicksilver) light.

Ánima

Una Gorgona me adormece.

Jericó Jericó se derrumbaron las murallas.

Del minarete a la luna doce alfanjes la Vía Láctea.

La tronera se estrecha mejora la visión.

Una extensa floresta (pace Minos) trébol florido
    pespunteado por la
    amapola.

Me he vuelto de revés pupila (vedija) cisco.

El cuerpo inmaterial se reconoce fatuo fuego
    enhebrado de limo.

Y soy ascua recalcitrante del agua rescoldo al
    apagarse.

Ya se abrieron los cielos bajan mis progenitores
    disfrazados de novios.

Trono es mi madre denominación el padre.

Guiad guiad tras el ruido de Jericó (atambores)
    la pétrea constelación
    de mi cuerpo atónito.

Atónita la inteligencia las pasiones todas
    desenhebradas.

Y corro otro instante tras mi concupiscencia para
    arrancar de aquella floresta
    una amarilla amapola
    prendérmela al ojal
    inmaterial de una solapa
    encarnada trasluz.

Canto (imbuido) interminables versículos de multiplicación
    la voz elevo a lo alto
    en lo alto otro escombro.

Anima

A Gorgon numbs me.

Jericho Jericho the walls fell down.

From minaret to moon twelve curved Moorish swords
    the Milky Way.

The embrasure narrows, the vision improves.

A wide forest grove (Minos grazes) flowering clover
    backstitched by poppy.

I have myself become a pupil (a matted hair) speck
    of coaldust.

The immaterial body recognises itself a will-o-the-wisp
    threaded with slime.

And I a recalcitrant ember dowsed with water, being put out.

Now the heavens have opened, my forefathers descend
    disguised as bride and groom.

My mother a Throne, father a Dominion.

Lead forth lead forth through the tumult of Jericho (tabors)
    the petrified constellation of my
    astonished body.

Astonished intelligence all passions unravelling.

And, again pursuing my concupiscence, I run to snatch from
    the forest grove a yellow
    poppy to insert in
    my lapel's immaterial
    buttonhole, turned to flesh
    against the light.

I sing (imbued) endless proliferating verses I lift my voice to
    the heights, on the heights another
    waste-recycle bin.

Ánima

Mi hogar es este espacio que media entre la coronilla y los pies
    (es) el hogar la mano (diestra) de
    Guadalupe (abierta) ante mi atónita
    mirada el brazo (siniestro) extendido
    a todo lo largo de su efímera corpulencia
    (vegetativa) (ganga) (veta) el cardenillo
    cayendo de sus ojos (zarcos) de sus
    axilas (resplandecientes, de rubio) pez
    la voz de Guadalupe al llamarme a la
    mesa (¿qué otro hogar?): ni nación ni
    votos ni palcos ni corros ni pila bautismal
    o pila municipal los pilares del mundo
    real son sus muslos: lava son del centro
    ígneo de los tiempos que corren piedra
    caliza desmoronándose de sus cimientos
    a la (visible) cúpula que el viento horada,
    a punto de caer: estrépito del silencio el
    hogar cuesta abajo disolviéndose
    concéntrico de círculo en círculo en su
    descenso mecánico (astral) al fundamento
    de limo (hongos, verdinegros) musgo,
    enjaezado: un almirez de teca donde
    triturar todo aspaviento de conversación
    más allá de nuestras implícitas presencias
    visibles (¿presentidas, adónde?) a veces
    de cuerpo entero en una pared recién
    encalada a veces formas desfiguradas en
    dirección contraria o entrecruzándose
    en los ejes de una sombra que proyecta
    la lámpara recién encendida (¿por cuál
    mano qué brazo cuáles tentáculos qué
    uñas desgarraron la luz?) del techo: zarpa.
    Triturar unos dientes de ajo mezclar la sal
    viva con la vivacidad del aceite de oliva
    a punto de chisporrotear en una sartén de
    cobre de Santa Clara envejecida (hogar este
    cuerpo doble buscando el calor del abrazo

Anima

My home is the space between the crown of my head and my feet
    home (is) Guadalupe's (right) hand
    (open) before my astonished gaze her
    (left) arm fully extended in her ephemeral
    corpulence (vegetative) (base metal)
    (veined rock) green rust falling from
    her eyes (light blue) from her armpits (shining,
    blonde) fish Guadalupe's voice calls me to
    the table (what other home is there?): neither nation
    nor votes nor box seats nor choirs nor
    baptismal font or public trough the pillars
    of the world are her thighs: lava
    from rushing time's fiery core
    limestone rock eroding from the
    foundations to the (visible) dome the wind
    pits with holes, on the verge
    of falling: a crash of silence
    the home (concentric) dissolving downhill
    from circle to circle in its mechanical
    (astral) descent to its base in slime
    (greenblack fungi) moss, harnessed:
    a mortar and pestle to grind every
    gesture of conversation that goes
    beyond our implied visible presences
    (foreseen, where?) sometimes full-length
    on a recently whitewashed wall sometimes
    shapes contorted in opposite directions or
    crossing each other on the axes
    of a shadow cast by the light switched-on
    just now on the ceiling (what hand
    what arm which tentacles what fingernails
    have torn the light apart?): a claw.
    To grind a few cloves of garlic to mix
    fresh salt with the liveliness of olive oil
    till it all sizzles in an old copper frying
    pan from Santa Clara (home this double body
    looking for the heat of an embrace in the

en la sombra de una cerámica inamovible
proyectada en el suelo del comedor) ardor,
el cardenillo (al caer): hormigas; comején;
polillas; carcoma; el cocuyo visible toda la
noche en el trigal: el cocuyo visible toda
la noche en un campo enardecido de altas
amapolas que ya alcanzaron la potestad
de Jerusalén: toda la noche la polilla
circunscribiendo el pezón izquierdo de
Guadalupe (yacente) a mi lado el cocuyo
jaraneando alrededor de su pezón derecho
vivos helechos mis dedos retozando (carcoma)
(cardenillo) (orín) entre sus pelambreras: y
reímos. A dos voces (simultáneas) reímos
(reencontrados) en el eje (circular) del
agua que desciende de un círculo a otro
por declives apenas perceptibles rumbo
al hogar (único) de esta copa (en alto)
vaciada (cuba, vacía): la volcamos (riendo)
de una patada (desternillándonos) se
desprenden los ejes (duelas) flejes vemos
(riendo) irrumpir en un bosque (torbellinos)
la huella.

shadow a motionless statue casts on the
dining room floor) glowing heat, green
rust (as it falls): ants; termites; moths;
woodworm; the firefly visible all night
among the wheat, visible in a
burning field of poppies grown so tall
they reach Jerusalem's power and might:
the moth tracing circles all night round
the left nipple of Guadalupe (lying) by
my side, the tipsy firefly circling
Guadalupe's right breast living
ferns my fingers brushing
(woodworm) (verdigris) (rust)
playfully among her pubic hair:
and we laugh. Our two
(simultaneous) voices laugh
(re-met) at the (circular)
axis of water as it descends
by barely perceptible falls from
circle to circle towards the (unique)
home of the glass (raised
in cheers) emptied (barrel,
empty): we knock it over
(laughing) with a kick (splitting our sides)
the axes give way we watch
(laughing) (staves) hoops burst
in a forest grove (whirls
of energy) the trace left.

Ánima

Llegaron los vientos, aparece la Locura, el Bufón
    del Rey.

Desnudo en una terraza mis carnes se volvieron
    negras, otra ráfaga se han
    vuelto grises, azota el
    viento (cenizas) mis
    carnes: orate orate es
    legible la descomposición.

Salta el salto postrero del Saltimbanqui (ríe) el Bufón.

Yo me aferro al pretil del muro en lo alto de la colina
    giro a un lado el torso
    (ceniza, a la cuarta vuelta
    del alfarero) ladeo en
    dirección contraria la
    cabeza (efigie).

Lobo el viento matojo el renegrido ovillo de mis cabellos
    a la merced del viento
    en la sien: izquierdo
    lobo el viento la sien
    derecha, una irrupción:
    sarmientos (una gota
    de lacre se desliza)
    mercurio la gota que
    desciende de la sien
    derecha la azota el
    viento, se incrusta.

Yo soy de azogue soy el espantapájaros que al girar
    (vuelta, única) los brazos
    extendidos, se desenreda:
    (fijo) a la inmutabilidad,
    del sarmiento: azota el
    viento la pana de mis

Anima

The winds have arrived, Madness appears, the King's Jester.

Naked on a terrace my flesh has turned black, another wind gust
        it's turned grey, the wind
        beats my flesh (ashes): madman
        madman your putrefaction
        is readable.

The Jester leaps a saltimbanque's backflip (laughs).

I cling to the parapet of the wall along the hill top I spin my
        torso to one side (ash, on
        the potter's fourth spin of
        his wheel) I tilt my head
        in the opposite direction
        (effigy).

Wolf wind a thicket the dyed-black tangle of my hair at the
        mercy of wind against
        my temples: wind
        the wolf to the left,
        at the right temple, an
        outbreak: vine shoots
        (a drop of lacquer slides)
        mercury drop slides down
        from the right temple
        the wind lashes it,
        it sticks tight.

I am of mercury, spinning scarecrow who (at a single turn)
        arms stretched wide
        unravels: (I hold on tight)
        to the vine shoot's
        immutability: the wind
        lashes my corduroy pants

pantalones la camisa de
estameña la lona de los
zapatos el capirote de
paja: ríe el Bufón tiembla
de pies a cabeza el Rey al
oír hablar de la lombriz
de tierra (cae, el viento):
la Locura se filtra por la
piedra caliza de un alto
muro se filtra por la
madera de una crucifixión:
bajo la vista, huele a lagares.
Fulgura repentino un cáliz
que en alto viran (torno en
dirección contraria a las
manecillas del reloj): una
gota de savia la hez del
vino una gota de linfa,
se deslizan: veo brotar
campos de lino campos
de adormideras (veo)
inclinarse las Hilanderas.

serge shirt canvas shoes
pointed straw hat: the Jester
laughs the King trembles
from head to foot as he
hears mention of the earthworm
(the wind, falls):
Madness filters through
a high wall's limestone
rock, filters through the wood
of a crucifixion: I lower my eyes,
fragrance of winepresses.
Suddenly a chalice shines resplendent
rotating in the sky (a potter's
wheel spinning in opposite direction
to a clock's hands): a drop of sap
dregs of wine a drop of lymph,
slide: I watch fields
of flax fields of poppies
sprout (I see) leaning over
the Weavers of the Thread.

Ánima

La viña está muerta.

Una hogaza de centeno en el centro de la mesa
      se ha desmoronado.

El anón anoche en el frutero entró de lleno a
      su negrura.

Vientos arrecian (acarrean) bueyes coincidentes
      a los mataderos.

La madre yace en el catafalco subyace (contracción
      de canteras) en la lápida:
      subyace (contracción de
      la víbora: de revés,
      gusano) en el mantillo.

Todos los receptáculos de la casa ya revierten a su
      destino: el lapso de la
      hojalata revierte a la
      porosidad de la cuenca:
      la porosidad de la piedra
      caliza es agua (sola)
      (simplificada) por la
      gota de agua al caer
      en la aljofaina.

Alojados, el centro de lo imperecedero nos asemeja
      a la abeja por vez primera
      fluctuando ante un cáliz:
      su sombra al fiel entre
      un corpúsculo de luz y
      el ámbar de una migaja
      de polen (miel).

Anima

The vine is dead.

At the centre of the table a loaf of rye bread has collapsed into
    crumbs.

Last night the sugar apple in the fruit bowl entered completely
    into its own blackness.

Winds increase steadily (carry) matching oxen to the
    slaughterhouses.

The mother lies on the catafalque lies under (contraction of
    quarries) the gravestone: lies
    under (contraction of viper:
    in reverse, worm) the topsoil.

All the house's receptacles now go back to their destiny: the
    tin's empty space returns
    to the bowl's porosity:
    the porosity of limestone
    is (pure) water
    (simplified) by the
    drop that falls
    in the washbasin.

Lodged there, at the centre of eternity we look like the bee that
    wavers for the first time
    before a calyx:
    its shadow balancing
    between a corpuscle of light
    and the amber of a speck
    of pollen (honey).

Ánima

Mi primer paso fue la destrucción de los dioses: hice
    una salvedad con las nereidas.

Acto seguido perpetré el alejamiento: un muro de granito
    (insalvable) vidrios rotos
    empotrados en alto
    (ventanas, dobles) dogo
    al pie de la cancela: a la
    puerta de entrada, un
    precipicio.

Los aspectos materiales de la existencia, al mínimo: he
    aquí su engranaje. Pan,
    miel, café, abluciones,
    en una pared la sombra
    (absoluta) de la Amada
    (túnica, floresta la cabellera):
    una butaca. La campanilla,
    sobre la mesa. Pan, un vaso
    de vino, viandas, ensalada
    (tres componentes: variar,
    a discreción) fruta (tisana)
    dormitar: lectura, aparición
    en la pared (sombra, absoluta)
    de la hamadríade (en un
    hexasílabo, disolverla):
    paseo a la hora del crepúsculo
    (larga sombra del lebrel
    antepuesto al paso de la
    Amada) perpendicular
    detenida en la linde del
    hayedo: ¿entrar? No me
    atrevo. Un huevo duro,
    un vaso de tila. Leer. El
    sueño vence el engranaje
    escurridizo del conocimiento:
    siete libros de cabecera que
    leo en interminable sucesión

Anima

My first step was the destruction of the gods: I made an exception
    for the nereids.

Next act, devise my isolation: an (insurmountable) wall of
    granite sharp broken glass
    cemented in at the top
    (double windows) bulldog
    at the main gate: at the front door,
    a cliff.

The material aspects of existence at a minimum: behold the cogs
    and wheels of the mechanism.
    Bread, honey,
    coffee, ablutions, the Beloved's
    (absolute) shadow on one wall
    (tunic, forest of hair):
    an armchair. On the table
    a handbell. Bread, a glass
    of wine, vegetables,
    salad (three components:
    to be varied at discretion) fruit
    (tisane) for dozing:
    reading, apparition on the wall
    (shadow, absolute) of the
    hamadryad (in one six syllable phrase,
    to dissolve her): a walk
    at sunset (the whippet's long
    shadow preceding the Beloved's
    footsteps) the perpendicular
    line coming to a stop at the edge
    of the beech grove: to go in?
    I dare not. A hard-boiled egg,
    a glass of linden tea. Sleep
    overcomes the elusive
    inner workings of knowledge:
    seven bedside books I've been
    reading in endless succession

desde hace más de veinte
años (caen) de sueño,
vencidos. Fuera.

Llega la mañana que no llega: me encuentro con que no
encuentro la mañana donde
me encuentro a punto:
acudo a la fija presencia
octogenaria de mi
existencia a punto de
levantar vuelo (mantel)
recojo el desayuno: estoy
a punto de preguntar por
el pan la miel el café el
índice levantar descarnado
a la ablución (no reconozco
su descarnadura) voy a girar
quizás un grado (sarao)
(gavota) sobre el talón del
pie derecho (preguntar)
(¿adónde preguntar?)
me susurran, al oído: un
galope (¿por dónde?) a
secas. Golpe de polvo
(cascos) golpe del polvo
cuesta abajo una rampa
(yo) (¿yo) a estrellarme:
de plano. Contra una
libélula. Contra la
generalizada estructura
del cero (la pupila se
estrella llena de la
descarnada estructuración
del séptimo sello) (veo)
(veo las estrellas) ya, me
inmiscuyo.

for more than twenty years (fall
asleep) standing up, vanquished.
Out you go!

The morning that can't arrive arrives: I discover I never find
    the morning when I'm ready:
    I turn to the fixed octogenarian
    presence of my existence
    about to take flight (tablecloth)
    I clear the breakfast table:
    I'm about to ask for bread
    honey coffee my index finger
    rising stripped of flesh for
    the ablution (I don't recognise it's
    become disincarnate) I'm about to
    spin perhaps one degree
    (evening party) (gavotte)
    on the heel of my right foot
    (to ask) (where would I ask?)
    they whisper in my ear:
    a gallop (where?) a straight
    gallop. A cloud of dust
    (hooves) a cloud of dust
    down hill a ramp (I)
    (I?) to crash: headfirst. Against
    a dragonfly. Against
    the generalised
    structure of zero
    (the pupil shatters filled with
    the seventh seal as it takes on
    its disincarnate form) (I see)
    (I see the stars) now,
    I'm part of it.

Ánima

Verderón.
Trino
primero.
Reposición
del mirlo
a la altura
del nogal.
Reposición
(por ende)
del traspatio:
trino
primero.
Ablución.
Ocre
fresco
matutino
a la altura
de la cresta
del gallo
en la valla.
Josafat.
El verderón,
la mula,
la gallina
(triga)
contemplativa
en lo alto:
aparición
primera
(doble) de
la hoz:
una semilla
a voleo;
treno del
ángel de
tinieblas.
Bajo

Anima

Yellowhammer.
First
trill.
The blackbird
making a re-appearance
at the top
of the walnut tree.
First trill:
the backyard
itself
all reappears.
Ablution.
Fresh
ochre
of morning
on the tip
of the rooster's crest
as he stands
on the fence.
Jehosaphat.
The yellowhammer,
the mule,
the hen
(a troika)
contemplatives
in their own
Heaven:
first
(double)
apparition of
the sickle:
a seed
scattered;
lamentation of the
angel of
darkness.
I lower

la vista:
¿ya?
Claro
día
consuetudinario.
En efecto,
no hay que
contar
con
Aquello
(con nada).
¿Y ahora?
Ajada
camisa
a cuadros,
pantalón
añil
regastado
(la mano
a la cabeza)
sandalias
(solideo):
caminata.
Compro
(dos peras
limoneras)
(papas
nuevas,
espinaca,
temporada
del guisante,
tajada
de calabaza,
manojo de
zanahorias).
Ya está:
puede
el sol
calcinarse

my eyes:
already?
The usual
bright
day.
In practice,
you can't
count
on
That
(on anything).
And now?
Crumpled
plaid
shirt,
worn out
dark blue
pants
(hand
on head)
sandals
(skullcap):
long walk.
I buy
(two bartlett
pears)
(new
potatoes,
spinach,
peas
in season,
slice
of pumpkin,
bunch
of carrots).
All taken care of:
the sun
can
burn itself up

por algún
recodo de
la Nada.
Yo estoy
caliente.
Almuerzo.
Hago
la siesta.
Me siento
de letras
aturrullado.
El Doctor
Johnson y
Boswell me
constituyen.

in some
corner of
Nothingness.
I am
hot.
I eat lunch,
take
siesta.
I feel
dizzy
with letters.
Doctor Johnson
and Boswell
constitute me.

Ánima

Mi nombre, mal pronunciado, será una calle.

En un farol se posará a dormitar la lechuza en
    la madrugada.

Será una calle rectilínea perdiéndose en una bahía
    de hondo calado cuya
    refracción recorre la
    configuración del
    caimán en dirección
    contraria se abalanza
    saeta perpendicular
    rumbo a una calle
    oblicua (innombrable)
    a la entrada de la Ciudad
    de los once cimientos.

Me gustaría que en sus dos extremos (y ya sin otro
    incremento) hubiera una
    maceta con vicarias
    blancas (inmarcesibles)
    su reflejo en lo alto
    chispas de un hormiguero
    hecho de la duración de
    toda la duración que
    engendrara en carne
    viva la figura (no
    merma) de mi abuelo.

Anima

My name, mispronounced, will be a street.

The owl will be there, perched on a streetlamp, dozing
       through the pre-dawn hours.

It will be a straight street disappearing into a bay of deep
       draught whose refraction
       traverses the caiman's
       form in the opposite
       direction, a perpendicular
       arrow rushing
       towards an (unnameable)
       street diagonal to
       the entrance to the City
       with eleven substrata.

At both ends of the street I would like a flowerpot
       of white (unsoiled)
       periwinkle (nothing more)
       their reflection in the sky
       sparks from an anthill
       made from the duration
       of all duration that
       will engender
       in living flesh the
       (unfading) figure
       of my grandfather.

Ánima

En la clepsidra un aceite rancio.

Una gota en el nombre del Padre otra gota por
        las huestes a galope del clan
        Genji (estandartes blancos)
        a punto de quebrar lanzas
        con el clan Heike (estandartes
        rojos): mueran (mueran) gota
        espesa de la clepsidra (los unja)
        al suelo: susto de hormigas
        (susto el destello opaco de
        la larva).

La mesa de trabajo, apolillada: la silla aún contiene
        la maraña del bosque
        el abismal recorrido
        de la savia a la corteza
        (trementina) del pino:
        tocón la silla.

En el nombre de la madera el nombre (sin asideros)
        de la carcoma la roya (boj) me
        sostengo: la letra sostengo
        (buril) inscripción (me he
        sentado a la mesa) silla, de
        pino: desbastado, yo. Del
        reojo de la Madre Naturaleza
        (gota rancia de aceite, se
        desliza) declive, la muerte.
        ¿Espeluznante? Charco
        (óseo) espeso. No llegan
        venados a lamer la espesa
        gota de aceite caída de la
        clepsidra en medio de una
        calle, empedrada: su reflejo
        (reverbera) en una habitación.

Anima

Rancid oil in the water clock.

One drop in the name of the Father another drop for the galloping
        hosts of the Genji
        clan (white flags)
        about to break lances
        with the Heike clan
        (red flags): fall (fall)
        to the ground, a thick
        drop from the water clock
        (anointing each one): fright
        of ants (fright the larva's opaque
        glitter).

The moth-eaten worktable: the chair still holds the forest's
        maze the abysmal journey
        of sap to the pine's
        turpentine bark:
        chair stump.

In the name of wood the name (unsupported) of the woodworm
        the (boxwood) rust I remain:
        I uphold the letter (burin)
        inscription (I sit at
        the table) seat, of pine:
        my rough-hewn self.
        From the corner of Mother
        Nature's eye (a rancid
        drop of oil flows down)
        the slope, death.
        Horrifying? Thick
        (bony) pool.
        No deer come
        to lick the heavy drop of oil
        fallen from the waterclock in the centre
        of a cobbled street: its reflection
        (shimmering) in a bedroom.

Es lo que corresponde: del atisbo de la Naturaleza,
    esporas. Afincarse la maleza
    en las hendijas del promontorio:
    todo, dispuesto. De generación,
    la inminente caída.

El cuerpo al ladearse (ajeno a toda volición) quebró
    el cristal de la clepsidra: gotas
    de pestilencia en nombre de
    Minamoto no Yoritomo
    Fujiwara no Teika: espesa
    gota de David por generación
    (unge) (reinscribe) (se desliza)
    ancestral relámpago de la
    coronilla a la arcilla.

It is what corresponds: from the side glance of Nature, spores.
    Weeds take root in the crevices of a
    headland: everything ready. Of generation,
    the imminent fall.

The body as it leaned over (alien to all volition) shattered the glass
    of the water clock: drops
    of plague in the name of
    Minamoto no Yoritomo
    Fujiwara no Teika: a thick drop
    of David by generation
    (anoints) (reinscribes)
    (slides) ancestral lightning flash
    from skullcap to mud.

Ánima

Aterrado.
Me
lleno
la boca
de injertos,
légamo,
terrones:
el final
microorganismo
del
pájaro
y el
espantapájaros:
gárgaras
de
mantillo.
Guijo
a la
boca:
ripio
a la
boca:
el brazo
extiendo
calizo
(brea
a la boca)
(heces
a la boca)
(a la boca
candeal
una oblea
de lodo):
un pie
calizo
planto
(aterrado):
soy

Anima

Terrified.
I cram
my mouth
with cuttings,
mud,
clods;
last
microorganism
of bird
and
scarecrow;
gargling
humus.
Gravel
in my
mouth:
crushed stone
in my
mouth:
I stretch out
my limestone
arm
(tar
in my mouth)
(dregs
in my mouth)
(in my mouth
white crumbs
a wafer
of mud):
I plant
one
limestone
foot
(terrified):
by compulsion
I am

por
compulsión
trapo
vuelto
papel
(papel
revuelto)
esparto
triturado:
cáñamo
(macerado)
pergamino:
giro
del
vergel
aterrado.
A tientas
tropieza
el brazo
manuscrito
con un
último
asterisco
(negro)
(negro)
de arcilla.
Jeroglífico
la arcilla.
Terrón el
ideograma
último que
compongo
en las tres
posturas
privilegiadas
del escribano:
de hinojos;
de brazos
extendidos

rag
become
paper
(scrambled
paper)
mashed
esparto grass:
hemp
(macerated)
parchment:
I spin
terrified
in the orchard.
Blindly
my handwriting
arm
bumps into
a last
asterisk
(black)
(black)
of mud.
Hieroglyphic
mud.
Clod of clay
final
ideogram
that
I compose
in the three
privileged
postures
of the scribe:
kneeling;
with arms
outstretched
in the manner
of a scarecrow;
squatting

a la manera
del espantapájaros;
de cuclillas
apenas
expulsando
de sus
necesidades
la letra.

from his
dire need
barely expelling
the letter.

Ánima

La palabra se extiende ya que hay mucho vacío
    pocas esferas.

El vivero, cuajado (pinos, abetos de un pie de altura):
    pasa apresurada la palabra
    apenas dispuesta a reconocer
    señales de crecimiento más
    allá de su propia exasperación.

¿Cómo supeditar la palabra a los campos de calabaza
    en flor que imagino en las
    sitierías del país (actual)
    desprovisto de viveros?
    ¿Sólo niguas? ¿Sólo
    enjambre de palabras?
    En casa, alzo la vista:
    reconozco en la sala el
    tapiz bordado (1940)
    con el pastor del cayado
    reclinado sobre el brocal
    (intuye, detrás a la amada
    disfrazada o más bien
    revestida de cordera):
    esta tarde leo los *Ensayos*
    de Charles Lamb (no me lo
    había propuesto): alzo la
    vista, *dusty maps of Mexico,*
    dim as dreams.

Sigo el eje, un río sin precedentes: en las nasas, entre
    el musgo a la orilla unos
    panes alargados: dos
    mujeres (hieráticas) de
    espaldas al agua, a todo:
    a punto. Carecen de refugio.
    Luz, blanden: todo en efecto
    ocurre aquí mismo. Juan

Anima

The word stretches wide now there is a great emptiness few
    spheres left.

The crowded nursery (pine trees, foot-high firs): the word
    under pressure slips by, hardly
    disposed to notice signs of growth
    beyond its own exasperation.

How to subordinate the word to the fields of flowering pumpkin
    I imagine in the small
    farms of the (present)
    country that have no
    nurseries? Only fleas? Only
    a swarm of words?
    At home I lift my eyes:
    in the living room I recognise
    the embroidered tapestry (1940)
    with the shepherd and his crook
    resting on the edge
    (he intuits in the background
    the beloved disguised or better
    emblazoned as the lamb):
    this afternoon I am reading
    (by mere chance) Charles Lamb's
    Essays: I lift my eyes,
    dusty maps of Mexico,
    dim as dreams.

I follow the main drift, a river with no precedents: in the fish-traps,
    among the moss on the bank
    a few long loaves: two women
    (hieratic) with their back to
    the water, to everything: ready.
    They have nowhere to shelter.
    They brandish light: everything
    truly happens right here.
    Honest John to Gideon, Abdias

    a Gedeón, Abdías a Santiago
    Alfeo: ¿a quién incumben sus
    palabras? Tienen (son)
    extensión, maraña: pez es
    terebinto pan es zarza vino,
    lentisco. Euforia. Una
    euforia engastada en los
    zarcillos de la vid una
    euforia de transubstanciación.
    Abran paso: sigo por el eje
    me acerco desprovisto al cruce
    de palabras a una orilla para
    reclinarme (lecho de berros)
    (lecho de lentejas de agua):
    me reclino. El cangrejo de
    río desaparece en su cueva
    me guía a la otra orilla (no
    hay otro puente): la estrechez,
    resplandece.

En este resplandor sostengo sándalo en pie sobre una
    laja de jacinto: un ojo,
    topacio. Otro ojo, rubí:
    el hormiguero de la
    boca en extensión
    reducido a su esfera.

to James the lesser: whom do his words
concern? They have (are) extension,
a maze: fish is terebinth bread
is blackberry, wine mastic.
Euphoria. A euphoria lodged
in the tendrils of the vine
euphoria of transubstantiation.
Let them make way: following the
main drift, in my lack I draw
close to the crux of words
to a bank to lie down (bed
of watercress) (bed of duckweed):
I rest. The crayfish in the river
disappears into his cave
he guides me to the other shore
(there is no other bridge):
the narrow strait
glitters with light.

In this shining brilliance I hold onto sandalwood standing up on
      a jacinth rock: one eye,
      topaz. The other eye, ruby:
      my mouth the mouth of
      an ants' nest widened
      to a small sphere.

Ánima

Tropiezo con las puertas los avisperos.

Evito aplastar un escarabajo boca arriba con su
        sombra moribunda,
        tropiezo.

De nácar se me han manchado las yemas de los
        dedos en mis ojos
        resaltan reflejadas
        en un punto ciego.

Un hilo ciego: cuerda desmadejando la ciega
        floración de unas
        escalas (síncope)
        tropiezo (tropiezo)
        omisión.

Temo la sombra del henil los seis peldaños de la
        escalera apoyada a
        un costado del henil.

Tiemblo por la hojarasca el fuego fatuo la presencia
        desmesurada de la
        lombriz de tierra
        que asoma por el
        ojo de la careta.

Dispongo de un florín de oro un carruaje tirado por
        cuatro corceles negros el
        cochero de librea y
        sombrero de copa
        enfundado en la larga
        bufanda morada tiene
        órdenes precisas de
        guiarme rumbo sur
        rumbo sur en derechura
        contra todo presagio
        cualquier impedimento.

Anima

I run into doors wasps' nests.

I avoid squashing a beetle on its back, I run into its dying
    shadow.

My fingertips are speckled with nacre in my eyes they
    jut out reflected in
    a blind spot.

A blind thread: unravelling rope blind flowering of
    a few ladders
    (syncope)
    I run into (I run into)
    omission.

I fear the hayloft's shadow the six steps of the ladder leaning
    beside the hayloft.

I tremble before the pile of dead leaves the will-o-the-wisp the
    earthworm's enormous
    presence as it pokes out
    through the eye of
    the mask.

I have at my disposal a gold florin a carriage drawn by four
    black horses the driver
    in livery the crown
    of his hat wreathed
    in a long purple scarf
    he bears precise orders
    to take me southward
    southward
    straight away
    against all omens whatever
    obstacles.

Ha sido dispuesta otra revolución del orbe otra floración
    de huestes celestiales el
    soplo del viento sigue
    exhortando al ave frente
    a un viento contrario a
    detenerse en el centro
    del orbe.

Tropiezo en los quicios la inexactitud de la pierna en
    la sombra confabulada
    del bastón al traspasar
    un quicio.

La mano al percatarse del pomo de la puerta la aldaba
    la inalcanzable altura
    de una falleba tropieza
    con un desorden de
    esporas.

La verdadera polvareda: y yo soy viejo. Reducido por
    un sextante por una
    fragua inimaginable
    al tamaño (precoz)
    anterior a la disolución
    inquebrantable del
    cuerpo: tropiezo
    con el vuelo de una
    esquirla al azar del
    vuelo azar de la
    esquirla.

Another turning of the globe has been arranged another
        blossoming of celestial hosts
        the wind's sigh continues
        exhorting the bird
        facing an opposing wind
        to stop at the centre of the
        turning globe.

I trip over the doorstep the leg's uncertainty in the shadow
        made by the walking stick
        as it crosses a threshold.

The hand noticing the doorhandle the knocker the lever's
        unreachable height
        runs into a chaos
        of spores.

True dustcloud: and I am old. Shortened by a sextant by an
        unimaginable forge
        to the (precocious)
        size prior to the
        body's unbreakable
        dissolving: I run
        into the flight of a
        chance splinter the splinter's
        random flight.

Ánima

Ya pronto me quedaré dormido en los sillones de
    enea de mis poemas.

Oiré quebrarse el travesaño de la silla de arce donde
    apoyaba el pie.

Ya pronto me acercaré inmóvil a la inmovilidad del
    martillo junto a la nuez
    en el alféizar de la
    ventana en altos.

Veré tinta verter una última gota de cornucopias:
    derramarse punto por
    punto a cordel su recta
    otra página, incorporada.

Espantaré la mosca, no sé si ella o yo adormilados:
    un manotazo a la guasasa
    en la cara, me echaré a
    reír: la risa un círculo
    concéntrico a los bosques:
    al pie de un charco
    comprobaré el origen de
    la lombriz de tierra.

Ya pronto un ruedo de estorninos ya pronto el
    desvencijado armonio
    de mi madre el columpio
    de la terraza, suscitando
    (suscitando): un ras de
    noctilucas ya pronto
    ilumina mis ojos
    regastados la piel
    descolorida (titileo)
    en la resaca, de la
    noche.

Anima

Soon I will fall asleep in the wicker chairs of my poems.

I will hear the base of the chair snap the maplewood chair
        where my feet used to rest.

Soon motionless I will draw close to the hammer's
        immobility beside
        the walnut on the
        windowsill upstairs.

I will see ink pour in one last drop of abundance: spilling
        straight out point by
        point its right alternate
        page, joined up.

I will frighten away the fly, I don't know which of us is sleepy:
        a slap at the bug
        on my face,
        will set me off laughing:
        laughter a concentric circle
        as far as the woods:
        standing beside a puddle
        I will confirm
        the earthworm's origin.

Soon a ring of starlings soon my mother's out-of-tune
        organ the swing
        on the terrace,
        reviving (reviving):
        soon an expanse of
        noctilucas lights up
        my exhausted eyes
        pallid skin
        (a flickering)
        in the undertow
        of night.

Veré mis ojos verdes enquistados en su gema
        verdadera de clorofila mi
        aguileño perfil sumido al
        ave de rapiña (hierática)
        posada a la espera del
        ajuar de alimañas que
        ya pronto saldrá a las
        estepas a urdir (cañamazo)
        un recorrido que rastrea
        cimas sin sombra heniles,
        sin sombra.

Carpintero, acude: ya pronto la garlopa el berbiquí el
        serrín el tornillo rebajarán
        a fondo (gólgota) (gólgota)
        el sobrehaz.

I will see my green eyes harden cyst-like to true gems of
    chlorophyll my aquiline
    profile morph into
    a (hieratic) raptor
    perched in wait for
    the bride-gift of vermin
    that soon will be off to
    the steppes to weave
    (embroidered canvas)
    a journey that combs
    peaks without shadow
    haylofts, without shadow.

Carpenter, show yourself: soon the carpenter's brace sawdust vice
    plane will thoroughly
    (golgotha) (golgotha) thin down
    the surface.

Legado

Dejo
a mis dos
hijas
por partes
iguales
las partes
desiguales
de una
jurisdicción:
el manto
de la Virgen
cubierto
de cocuyos
una noche
en Coahuila:
leer a
Villon.
Los crocos
pespunteando
amarillos
morados
blancos
la última
nevada
de otra
estación:
confundo
(tamiz)
islas
lomas
lilas
floridas
(Leteo)
riachuelos
(esporas):
lo escabroso.
País

Last Will and Testament

I leave
to my two
daughters
in equal
parts
the unequal
portions
of one
inheritance:
Virgin's cloak
grass
with fireflies
overhead
one night
in Coahuila:
to read
Villon.
Crocuses
weaving
yellow
purple
white
their backdrop
to
another season's
last
snow:
I confuse
(sieve)
islands
low hills
lilacs
as they blossom
(Lethe)
streams
(spores):
what is rough.

confundo
con país
progenitores
con trojes
(balas
de heno)
guadañas
con filos
desiguales
al pan:
leer a
Hita.
Jurisdicción
de materia
innombrable
dejo a mis
dos hijas
por partes
(transubstanciación)
iguales
(transverberación)
el mendrugo
el hollejo
violáceo
reposando
(pellejo)
al fondo
(burujo)
del cuévano:
leer a
Quevedo.
A las dos
encomiendo
esparcir
las cenizas,
cobrar mis
aranceles,
vestirme
(espantapájaros)

I confuse
country
with country
ancestors
with barns
(bales
of hay)
scythes
with unequal
blades
for bread:
to read
Hita.
Inheritance
of unnameable
matter
I leave to my
two daughters
in equal
(transubstantiation)
parts
(transfixion)
crust
violet-coloured
fruit segment
(skin)
resting
(undissolved lump)
at the bottom
of the bin:
to read
Quevedo.
I commend
my two daughters
to scatter
the ashes,
to collect
my dues,
to dress me up

en mitad de
los campos
bajo Próxima
del Centauro
(nadir)
(nadir):
orlas
el fémur
ribetes
la cadera
florones
el esternón
en una
sien
caireles:
pasamanerías
(falanges)
(astrágalo)
(metatarso)
en Sión.
En Sión
leer
Salmo 136
Deuteronomio
6: 4
6: 4-9
11: 13-21
Números
15: 37–41
Shemá.
Shemá
soy
(hijas)
paramento
(segmento)
mostacilla
de abrupto
paramecio
revertido

(scarecrow)
in the centre of
the fields
under Alpha
Centauri
(nadir)
(nadir):
trimmings
femur
borders
hip
flounces
the sternum
on one
temple
a fringe of hair:
braids
(phalanges)
(ankle bone)
(metatarsus)
in Zion.
In Zion
to read
Psalm 136
Deuteronomy
6: 4
6: 4-9
11: 13–21
Numbers
15: 37–41
Shema.
Shema
I am
(daughters)
ornamental covering
(segment)
bead-like
paramecium
suddenly

(dadme la
bendición)
la estrella
Vega:
mosca
su luz,
moscardón
su año
luz,
efímera
constelación
a mis dos
hijas
lego:
y como
precaución
leer
y releer
a diario
Eclesiastés
(*vanitates*):
mas no
desesperéis
que os dejo
de Guadalupe
la risa y
de este
judío
transversal
(añoso)
(antañoso)
(de ficciones
arrendatario)
(impenitente
grafómano)
(pasado por
las manos
de las tres
Grayas)

become
once more
(grant me
your blessing)
the star
Vega:
I bequeath
to my two
daughters
the fly's
light,
the botfly's
light
year,
ephemeral
constellation
of mayflies:
and as precaution
to read
and reread
daily
Ecclesiastes
(*vanitates*):
yet don't
despair
as I leave you
Guadalupe's laughter
 and from this
oblique
Jew
(aged)
(ancient)
(leaseholder
of fictions)
(unrepentant
graphomaniac)
(having slipt through
the hands of
the Three

(bólido
ocambo)
(volador
de a peso
haciendo
sus poemas)
un par
de pesos.

Graeae)
(speedy
old geezer)
(one peso
sky-
rocket
making
its own
poems)
a couple
of pesos.

APÉNDICE

CUATRO ÁNIMA DE
Y DEL ESPARTO LA INVARIABILIDAD

(2006)

Appendix

Four Additional Anima from
Y del esparto la invariabilidad

(2006)

Ánima

En la taza del surtidor del jardín aparecieron dos
        nenúfares, unos peces de
        colores: me he restregado
        los ojos; luego pensé
        que se trataba de las
        exasperaciones de la
        Madre Naturaleza.

El agua gira en dirección contraria a las manecillas
        del reloj: Elías se sostiene
        en el centro azul de la llama,
        reino incombustible: túnica,
        carroza, tronco de caballos
        (inerme) flagrante inactividad
        repentina de la Madre Naturaleza
        el agua cubierta de verdín en la
        taza del surtidor: una plantación
        de mangos recién floridos (pobre
        flor atónita a su fruto) bajo el
        verdín. Las capas más espesas
        de amarillo harán brotar de
        golpe la fruta dividida de un
        tajo (ved, el semillón mordisqueado)
        los labios de Buda, del rey Asuero
        (de la India a Etiopía) embarrados
        de amarillo.

Nada ocurre: ése, en efecto, ése ha vuelto a sentarse
        en el banco despintado del
        jardín, cae la tarde, acaba
        de amanecer (diríase):
        preparan el desayuno;
        llamarán. El zorzal al
        mediodía, oírlo; no
        buscarlo con la mirada:
        punto de agua, verde punto
        de agua se desliza vertical

Anima

In the basin of the garden fountain two water lilies have
>	appeared, a few coloured
>	fish: I rubbed my eyes;
>	then thought it's all
>	about Mother Nature's
>	frustrations.

The water spins in the opposite direction to the hands
>	of a clock: Elijah stands
>	in the flame's blue centre,
>	the incombustible kingdom: tunic,
>	carriage, team of horses
>	(defenceless) sudden blatant
>	inactivity of Mother Nature
>	the water coated in green scum
>	in the fountain's basin: below green
>	scum a plantation of mangoes
>	flowering just now (poor flower
>	bewildered by its fruit).
>	The thickest cloaks of yellow will
>	suddenly make the fruit sprout,
>	split by a cut (look, the thick seed
>	with its teeth marks) the lips
>	of Buddha, of King Ahasuerus
>	(from India to Ethiopia) muddied
>	with yellow.

Nothing happens: that one, in fact, that one has returned to
>	sit down on the faded bench
>	in the garden, evening falls,
>	dawn has just happened (let's say):
>	they're preparing breakfast; they
>	will call us. The thrush at midday,
>	to hear him; not to search for him
>	with one's gaze: a spot of water,
>	a green spot of water slides
>	vertically down his face; the

por su frente; la menor reverberación de la Madre Naturaleza (quizás, un descuido) hará brotar fruta de sus pechos, ejes (rayos) del Carro de Elías, sus extremidades: colocan las básculas, sobre un platillo (raíces) envés (corteza) de su reflejo invertido sale fronda que colocan en el otro platillo, la diagonal (saja) se asusta la grulla, queda supeditada a la posibilidad de alzar el vuelo.

slightest shimmering of Mother
Nature (a lack of care,
perhaps) and fruit sprouts
from her breast, axes (rays)
from Elijah's chariot, its limbs:
they adjust the scales, on one side
(roots) flat down (bark)
from its inverse reflection
a frond emerges that they place
on the other side, the diagonal
(makes an incision) the crane
is alarmed, still subject to
the possibility of flight.

Ánima

Enfrente está el río, dormita el botero, las anclas
    carecen de función puesto
    que el movimiento ha
    desaparecido.

En el banco bajo el corpulento castaño de Indias
    los seis ancianos trajeados
    de negro (lamparones)
    aparecen de perfil con
    sus respectivos bastones
    de rota entre las piernas
    abiertas: me refiero a los
    siete ancianos (durante
    una vida algunos vieron
    levar anclas) vestidos de
    negro, el del bastón de
    cedro tallado con el asa
    relumbrante de ónix o
    marfil carece a ojos vistas
    de perfil, no nos percatamos
    de inmediato de su presencia,
    su cara de pájaro, la mirada
    inestable, y sobre todo el rostro
    embadurnado de talco o yeso o
    múrice: según el día y momento
    del crepúsculo o condiciones
    meteorológicas (estación del
    año) su rostro varía. Tampoco
    esto explica nada. Tampoco es
    un hecho que se le vislumbre
    más blanco que una pared
    recién encalada o del púrpura
    que la muerte asume al recubrir
    con sus rituales. No podemos
    dar por sentado que el anciano
    esté ahí, a veces inmiscuido
    entre los demás, a veces

Anima

Opposite lies the river, the boatman dozing, the anchors
    useless since all movement
    has vanished.

On the bench under the stout Indian chestnut tree six old
    men dressed in black (the fabric
    worn shiny with age) seen
    in profile with their respective
    walking sticks propped between
    open legs: I'm referring to the
    seven old men (in their life
    some have seen the anchors
    raised) dressed in black,
    for eyes seeing them in profile
    the one with the carved cedar
    stick with the dazzling onyx or
    marble handle is missing, we
    don't immediately notice
    his presence, his bird-like face,
    unsteady gaze and above all his face
    smeared in talc or chalk or
    murice: a face that changes
    according to the day, the
    moment of twilight or weather
    conditions (season of the
    year). And yet this
    explains nothing. Nor is it
    a fact that he looks any whiter
    than a recently whitewashed wall
    or a wall painted that red
    death takes on when
    it resumes its rituals.
    We can't assume the old man
    really is here, sometimes
    mixed in with the rest,
    sometimes pushed
    into a corner at the bench's

arrinconado en la punta del
banco, quizás entre el susto
de la desbandada de unos
mirlos posados en el centenario
castaño de Indias a la orilla del
río: ¿en qué punta del banco,
en todo caso, se sentaría? ¿Y
por qué no se nos dice si el
banco es de madera o hierro
forjado? ¿Está frente al río?
¿O no hay que atenerse por
favor a la verosimilitud? Es
más, a esta hora, en este
parque, en la vieja ciudad, es
un hecho que acuden las
bandadas de golondrinas a
sobrevolar las aguas y los
tejados (jamás se ven a esta
hora los mirlos) se escabullen
ya a los aleros los vencejos,
nunca vemos posarse las aves
antes de caer la tarde. Sea pues
noche cerrada. Y los seis
ancianos escuchen seis o
siete tañidos o golpes secos
de contera, el sexto madera,
el sexto quizás hierro forjado
guiándolos al umbral: un
espesor. Un espesor translúcido.
¿Ligereza? ¿Señal de inapetencia?
¿Otra fantasmagoría del
movimiento? ¿Y caso de no
haber el menor resultado?
Podría ocurrir. De ahí que se
hable de un séptimo sello,
otro estado, incluso certidumbres
o qué. Cuatro son los ancianos,
seis los jinetes, ¿dos morirán del
todo? Se han separado, idénticos,

far end, maybe surprised
by a flock of nesting
blackbirds that take off from
the hundred year old
Indian chestnut tree on
the river's edge; at what
spot on the bench, in any case,
would he be sitting? And
why aren't we told if it's a wooden or
wrought-iron bench? Is it facing
the river? Or should we not,
please, focus on verisimilitude?
Moreover, at this hour in
this park in the old city
it's a fact that flocks of swallows
come flying over the waters
and the roofs (blackbirds
are never seen at this hour)
already the swifts slip away to
the awnings, we never see birds
perch till nightfall. So it must be
dark night. And the six old
men hear six or seven rings
or dry blows of a ferrule,
the sixth wood, the sixth
maybe wrought iron guiding
them to the threshold: a
thickening. A translucid thickening.
Lightness? Sign of appetite
waning? One more phantasmagoria
of movement? And perhaps
without the least result?
It may be. At this point we
may speak of a seventh seal,
a different state, even certitudes
or whatever. Four are the old men,
six the horsemen. Will two of them
die with no trace left?
They have been separated, identical,

misma lumbre, el botero ha
despertado, la puerta del umbral
está entornada, y los gallos que
cantan al alba son tres veces
Pedro ante la cuarta sombra
desgañitados.

the same glow of light, the boatman
has awaken, the door of the threshold
stands ajar, and the roosters that crow
at dawn are three times
Peter in the dark quarter shouting
their heads off.

Ánima

Pídele, ve y pídele a la piedra, háblale del agua, la
    impenetrabilidad:
    alza a contraluz los
    nudillos raspados
    para que todos vean,
    conmina al silencio,
    ¿y no lo llaman pétreo?
    Di, luz; oye el eco: tres
    letras no tienen eco.

Piedra, acaríciala, ahí, donde el moho, pasa la yema
    del dedo por sus resquicios,
    el brote, la hormiga, quizás
    la lagartija: ¿hay verde adentro
    de la piedra? Llámala preciosa:
    y por qué no, cálculo biliar.
    Quistes de cornalina, rubí
    mitral, pólipos de ónice: la
    piedra, cimiento; oíd a la
    Amoladora afilar la guadaña.
    Hoz, eco tercero.

Considérala perfecta, ya, no digas más. Toda forma,
    destino de la sustancia, perfecta.
    Un, a modo de ejemplo, ¿qué
    se hizo de mi primera mujer,
    su impenetrabilidad? ¿Qué
    más da? Ocurrió. Cosas
    ocurren, es lógico; inevitable.
    Y ahora participa de la
    jurisdicción de la piedra:
    la lagartija, mi primera
    mujer, es perfecta.

Hay más cielos que mandamientos, algo ahí no
    encaja. Piedra para hincar
    la rodilla, rechazar

Anima

Ask, go and ask for the stone's impenetrability, talk to
        it about water: lift your scraped
        knuckles into the light that
        all may see, threaten silence,
        isn't it called "stony"? Say,
        light; listen for the echo: five
        letters and no echo.

Stone, caress it there where there's moss, your fingertip
        glides along its chinks, its
        plant shoots, the ant, maybe
        a lizard: is there green inside
        the stone? Call it beautiful:
        and why not, a gallstone?
        Cornelian cysts, a bishop's
        ruby, polyps of onyx: the
        stone, a foundation; listen
        to the Grim Reaper sharpening
        his scythe. Sickle,
        the third echo.

Consider the stone perfect, say no more. Every outward
        form, substance's destiny,
        perfect. One case, for example,
        what happened to my first
        wife's impenetrability? What's
        the difference? It happened.
        Things happen,
        it's understandable;
        inevitable. And now be part of
        the realm of stone: the lizard,
        my first wife, is perfect.

There are more heavens than commandments, something
        doesn't fit here. A stone for
        kneeling, to resist water

(sin rechistar) el agua,
su aspecto enfermizo:
tarja. Dintel. Pretil. Al
amor de la piedra cae
el hollín. No digas más.
La casa no es permanente
pero fue bien construida:
y ya su duración la
podemos calificar,
dentro de lo que cabe,
de circunstancia permanente.
Acerca la frente al muro de
piedra berroqueña. Galerías,
raicillas, aquello que respira.

El árbol tiene memoria, la piedra sufrimiento,
    ayúdala en su destino:
    anfractuosidad (Sísifo) y
    arena. Celdillas, nadie liba
    ni deposita miel: auténticas
    cavernas. El árbol colma de
    sombras una circunvalación
    única, la rememora, mirad
    que somos mitad de sus
    anillos. Sufre la piedra,
    nada ingrávido brota: ¿y
    de esa circunstancia, sus
    resquicios, qué semejanza
    deshilar? El copo, la rueca;
    y donde está duro, ¿cómo
    ayudarla a segregar? Y no
    ser de su hilo un bronce
    estafermo, la estatua para
    el ave sucia, sus líquidas
    deposiciones.

Concede, piedra, de tus nervaduras, vena abrupta,
    la resurrección. Filón. Te miro,
    rozo, moho, susurro, añádeme

(without answering it back),
its sickly appearance: gravestone.
Lintel. Parapet. For
the sake of the stone soot
falls. Say no more.
The house isn't permanent but
it was well constructed: and now
we can describe its endurance,
within limits, as a permanent
circumstance. Put your forehead
against the granite wall.
Passageways, tiny roots,
it breathes.

The tree holds memory, the stone suffering; help it with its
    destiny: rough pitted surfaces
    (Sisyphus) and sand. Cells of
    the hive, no one sips or deposits
    honey: genuine caverns. The tree
    fills a unique circle with shadows,
    fixes it in memory, look how
    we're half of its rings.
    If the stone suffers, nothing light
    and floating will appear: and
    from this circumstance, its
    chinks, what resemblance
    should we untangle?
    Snow flake, loom;
    and where the stone's hard, how
    to help it secrete? And with its
    thread how help it not
    be a bronze rigidity, a statue
    for the dirty bird, its liquid
    deposits.

Stone, from your fine veins, your rough streak, grant
    resurrection. Vein. I
    look at you, stroke you, moss,
    I whisper softly, make me a

a tu construcción: áspera la piel;
aguamarina el riachuelo que
me susurra en tu nombre una
deriva, adónde, adónde, un
camino, asirme, la raíz, la
raíz, me deslizo, vamos a
desembocar: a juzgar por lo
que veo. Te recompones china
pelona, arrecife; y yo, por tu
misericordia (¿impenetrable?)
malaquita la mirada, esa figura
(talla, de mí) a la orilla: déjala,
piedra, silbando; déjala sedal
del aire, al río. Un pez (azabache)
un plato (abrupto) de piedra, y
debajo de la piedra, en casa, por
el fuego, trazas de lo laberíntico,
aún el fuego a solas tras la luz
de las lámparas, eco de la piedra,
hambre de los pedernales.

part of what you build: rough
skin; aquamarine rivulet that
whispers to me in your name
a slope, leading where?, where?,
a path, to grasp firmly, the root,
the root, I glide, we're about to flow
into something: to judge by
what I see. You turn into pebbles,
a reef: and I through your (impenetrable?)
mercy malachite eyes, on the shore
this shape (image of myself): whistling,
let go of the stone; let the air's fishing
line go, to the river. A (jet-black) fish
a rough dish of stone,
and under the stone, at home,
through fire, labyrinthine traces,
the solitary fire still there
in the glow of the lamps,
stone's echo,
hunger of flints.

Ánima por George Oppen

Agreste, y pese a la desproporción de lo agreste, rostro
    diente de perro, paso la
    mañana (en tránsito)
    leyendo a George
    Oppen.

Una fruta del tamaño de Buda, no me atrevo a abrir la
    boca, no hay cupo, puede
    que de cera puede que de
    plomo, fruta de un Bodhisatva,
    el poema de George Oppen
    basado en un poema de
    Buddhadeva Bose, diente
    de perro asimismo el rostro
    de Oppen, una fruta de piel
    lisa, fruncir la flor el ovario
    para transformarse en fruto,
    tengo la certeza de haber visto
    tras el resplandor las manzanas
    (rojo amarillo rojo a su sombra)
    de Cézanne.

There is this guy in the train to Munich reading my
    book of poems: no se oye
    otra voz, momento inmemorial,
    se puede oír el ala de una mosca
    rozar la roca más dura, posarse
    entre la ceniza negra del Fujiyama:
    su zumbido incrustarse en la
    intimidad del metal (ferroviario):
    carbonizarse. Se avanza, no
    obstante. Página 94. El tren
    ensañado en la velocidad para
    alcanzar su destino Oh
    Bodhisatva.

Invocación: George Oppen, luz concomitante, llévate
    a la boca una manzana de

Anima for George Oppen

Rugged landscape and, despite the excess of rugged landscape,
    face like jagged rock, I spend
    the morning (in transit)
    reading George
    Oppen.

A piece of fruit the size of Buddha, I don't dare open my mouth,
    nothing is bite-size, it might
    be wax or lead, fruit of a
    Bodhisattva, the poem of
    George Oppen based on
    a poem of Buddhadeva Bose,
    jagged as Oppen's face, a
    smooth-skinned fruit, the
    flower's ovary wrinkles to
    transform into fruit, I know
    for certain that in the shining
    brilliance I've seen the apples
    of Cézanne (red yellow
    red in their darkness.)

There is this guy in the train to Munich reading my book of
    poems: no other voice can
    be heard, a moment beyond memory,
    you can hear a fly's wing
    brush the hardest rock, settle
    among the black ash of Fujiyama:
    its buzzing embed itself into the
    intimacy of metal (railway track).
    We go forward, nonetheless. Page 94.
    The train furiously intent on the speed
    needed to reach its destination
    Oh Bodhisattva.

Invocation: George Oppen, concomitant light, lift one of Cézanne's
    apples to your mouth (the painting

Cézanne (el cuadro
permanecerá intacto: ya
es de inmemorialidad):
dos conos de luz, hambre
unísona (omnímoda)
mastica dodecaedro,
escupe (en cualquier
dirección) tres semillas:
tres semillas, George
Oppen, de tu reverso (estás
muerto): ¿y qué? Apéate.
Kant acaba de besar en la
boca al fámulo. Y en los
cielos Efraín y Esther dos
branquias a la resurrección.
Todo se ensambla. Cierro
el libro. Próxima estación
Marienplatz (solavaya,
Dachau): y tras los rieles
a su encuentro, donde
las vacas pastan, gran
novedad.

stays intact: already it is beyond
memory): two cones of light, hunger
in unison (one omnimode) chew
the dodecahedron, from your
other side (you are dead):
(in any direction you
like) spit three seeds:
three seeds, George
Oppen, and what then? Alight.
Kant has just kissed his servant
on the mouth. And in the heavens
Ephraim and Esther are the gills
of two fish opening on resurrection.
Everything is joined together. I close
the book. Next stop Marienplatz
(my fingers crossed against you,
Dachau): and beyond the tracks
as I go to meet it, where
cows graze, something
extraordinarily new.

Índice de Ánima

Prólogo	6
Del debe	8
Ánima (En la vieja ciudad)	14
Ánima (Harapos del espíritu)	18
Ánima (Algunos poetas muertos)	22
Ánima (El caballo se cubrirá)	24
Ánima (Me voy/a Beulah)	26
Ánima (No sé qué es)	32
Ánima (Una tediosa adolescencia)	36
Ánima (Un campo de achicoria)	38
Ánima (Un campo de achicoria. La vaca)	40
Ánima (El caballo se está comiendo)	42
Ánima (Tendido en una floresta)	46
Ánima (Señor, de la enramada)	50
Ánima (Había anotado)	54
Ánima (De la mano de mi madre)	56
Ánima (Voy a participar)	60
Ánima (Tengo a flor de labios)	62
Ánima (A las dos de la tarde)	66
Ánima (Tu campo es ónix)	70
Ánima (Una escalera de caracol)	74
Ánima (De arena aguas)	76
Ánima (Mastico a fondo)	78
Ánima (La Nada inmutable llaga)	80
Ánima (Acabo de cruzar)	84
Ánima (Grácil es el vuelo)	88
Ánima (Salí de casa)	90
Ánima (*So water dies also*)	94
Ánima (Iré a campo través)	96
Ánima (Crucé el umbral)	98
Ánima (Niebla. Urracas)	102
Ánima (Se abalanza la garza)	106
Ánima (Nunca fuimos a Lanzarote.)	110
Ánima (El viejo terebinto)	112
Ánima (A todo lo largo)	116
Ánima (Ahora me descuido)	120
Ánima (Si soy un comprendedor)	124

Ánima (Un exceso de prudencia)	128
Ánima (Yo soy el camaleón)	132
Ánima (Sobre una pierna)	134
Ánima (En Ecbatana)	136
Ánima (Inorgánica mirada)	140
Ánima (Ira, no: Príapo)	144
Ánima (Sube a Yoshino)	150
Ánima (Reinado del agua)	154
Ánima (Paul Vignaux)	158
Ánima (Está todo en su sitio)	164
Ánima (A contraluz mi reflejo)	168
Ánima (Cupo de Dios, la hormiga)	172
Ánima (Ese árbol se ha detenido)	176
Ánima (Una Gorgona me adormece)	180
Ánima (Mi hogar es este espacio)	182
Ánima (Llegaron los vientos)	186
Ánima (La viña está muerta)	190
Ánima (Mi primer paso)	192
Ánima (Verderón. Trino)	196
Ánima (Mi nombre, mal pronunciado)	202
Ánima (En la clepsidra)	204
Ánima (Aterrado)	208
Ánima (La palabra se extiende)	214
Ánima (Tropiezo con las puertas)	218
Ánima (Ya pronto me quedaré dormido)	222
Legado	226

Apéndice

Ánima (En la taza del surtidor)	238
Ánima (Enfrente está el río)	242
Ánima (Pídele, ve y pídele)	248
Ánima por George Oppen	254

Contents

Prologue	7
Debit	9
Anima (In the old city)	15
Anima (Rags of the Holy Spirit)	19
Anima (A bunch of dead poets)	23
Anima (The horse will be drenched)	25
Anima (I'm going/to Beulah)	27
Anima (I don't know what)	33
Anima (A tedious adolescence)	37
Anima (A field of chicory)	39
Anima (A field of chicory. The cow)	41
Anima (The horse is eating)	43
Anima (Stretched out in a forest)	47
Anima (Lord, fireflies break off)	51
Anima (On a sheet of graph paper)	55
Anima (From my mother's hand)	57
Anima (I am going to take part)	61
Anima (I have on the tip of my tongue)	63
Anima (At two in the afternoon)	67
Anima (Your field is onyx)	71
Anima (A spiral staircase.)	75
Anima (Waters made of sand)	77
Anima (I thoroughly chew)	79
Anima (Immutable Nothingness)	81
Anima (I have just come in)	85
Anima (Graceful is the carrion bird's flight)	89
Anima (I left home)	91
Anima (*So water dies also*)	95
Anima (I will walk across fields)	97
Anima (Beyond the threshold)	99
Anima (Fog. Magpies)	103
Anima (The heron springs forward)	107
Anima (We never went to Lanzarote)	111
Anima (The old terebinth)	113
Anima (All along the riverbank)	117
Anima (Now I stop taking care)	121
Anima (If I am one who understands)	125

Anima (An excess of prudence)	129
Anima (I am the sleeping chameleon)	133
Anima (He held himself up)	135
Anima (In Ecbatan)	137
Anima (Inorganic gaze)	141
Anima (Anger, no: Priapus)	145
Anima (Climb to Yoshino)	151
Anima (Kingdom of water)	155
Anima (Paul Vignaux)	159
Anima (Everything is in its place)	165
Anima (Set against the light)	169
Anima (The ant, a portion of God)	173
Anima (The tree has stopped inwardly)	177
Anima (A Gorgon numbs me)	181
Anima (My home is that space)	183
Anima (The winds have arrived)	187
Anima (The vine is dead.)	191
Anima (My first step)	193
Anima (Yellowhammer. First trill)	197
Anima (My name, mispronounced)	203
Anima (Rancid oil in the waterclock)	205
Anima (Terrified)	209
Anima (The word stretches wide)	215
Anima (I run into doors)	219
Anima (Soon I will fall asleep)	223
Last Will and Testament	227

Appendix

Anima (In the basin of the garden fountain)	239
Anima (Opposite lies the river)	243
Anima (Ask, go and ask)	249
Anima for George Oppen	255

www.ingramcontent.com/pod-product-compliance
Lightning Source LLC
Chambersburg PA
CBHW022004160426
43197CB00007B/263